周易全书

卷三

[西周]姬昌 等著

李楠 编译

既济卦第六十三 ䷾

【原典】

离下坎上　既济①，亨小，利贞。初吉，终乱。

初九　曳其轮，濡其尾，无咎。②

六二　妇丧其髴，勿逐，七日得。③

九三　高宗伐鬼方，三年克之，小人勿用。④

六四　繻有衣袽，终日戒。⑤

九五　东邻杀牛，不如西邻之禴祭，实受其福。

上六　濡其首，厉。

【导读】

既济卦讲的是获得成功以后应持守。爻辞用『妇丧其髴，勿逐，七日得』与『高宗伐鬼方，三年克之，小人勿用』来说明在『既济』阶段，只要善于用人，等待时机，所有的事都能顺利通达。

在大功告成以后，主政者一定要居安思危，防患于未然。六四爻以『繻有衣袽，终日戒』来告诫执政者要日日思患，并早做准备；九五爻以『东邻杀牛，不如西邻之禴祭，实受其福』来劝导统治者如想持守现有的福祉，就必须像祭祀那样，竭尽诚敬之心，对待所有的事情一丝不苟，而不要只追求表面的铺张，否则就会『福兮祸所伏』，在顺境中懈怠放松，骄奢淫逸，自己种下动乱的祸根，以致在上六爻中出现『濡其首』的危象。这时『初吉终乱』的预言就会应验。『既济』走向了自己的反面——『未济』，从而又展开了新一轮的矛盾发展过程。

【精注】

①既济卦：离下坎上，既即迹也，济，成，象征事物的完成。济，渡河，引申为成功。②曳：拖住。尾：车尾。③髴：车上的帘子，车幔。④鬼方：是商代西北方一个小国，经常骚扰中原。殷高宗去征伐。⑤繻有衣袽：华服将变成破旧的衣服。繻：华服；袽：败衣，棉絮。

【今译】

既济卦：象征事业有成。即济卦的卦象是下单卦为离，离为火，上单卦为坎，坎为水，为艰。这卦象不是利卦。亨通，但只利于小事。因缺乏变通，终至僵化、离乱，后危乱。

初九：拖住车轮，车便不能前行，这也无所谓。因为刚阳总能镇住邪阴，正如狡猾的狐狸以狐媚乱人，终会让人抓住尾巴。

六二：妇人遗失了首饰，不要急于寻找，一巡之后第七日自会失而复得。

九三：殷高宗兴兵讨伐鬼方，经历三年苦战才打败了鬼方，但息劳而骄的小人，只可犒赏，不可委以重任。

六四：『繻』指华丽的衣服，『袽』则为破絮。就算是最华丽的衣服，也有破旧的时候，凡事总要防微杜渐才好。

九五：东邻杀牛举行盛大祭奠，倒不如西邻只简单地举行一个祭祀却实享天福。

上六：水漫过头顶，灾难将会降临。

【集解】

既济。亨小，利贞。

虞翻曰：泰五之二，『小』谓二也。柔得中，故『亨小』。六爻得位，『各正性命，保合太和』，故『利贞』矣。

疏 三阳三阴之卦自泰来，故『泰五之二』。阳大阴小，二阴，故『小谓二也』。于例，当二之五，而五之二者，泰坤女主，下交于二，故卦主『柔得中』而『亨小』也。六爻阴阳各正，故云『得位』。六爻正，则阴阳和矣。『各正性命，保合太和』，《乾·彖传》文，贞者，正也，利，和也，各正故贞，太和故『利贞』，即《乾·彖传》所谓『乃利贞』也。

初吉。

虞翻曰：初，始也，谓泰乾，『乾知大始』，故称『初』。坤五之乾二，得正处中，故『初吉，柔得中也』。

疏 『初，始也』，《说文》文。初始于乾，故『初谓泰乾』。『乾知大始』，《系辞上》文。《九家易》彼注云『始谓乾禀元气，万物资始』，故『称初』也。坤五下之乾二，得正处中，始无不吉，故『初吉』，《彖传》曰『柔得中』是也。

终乱。

虞翻曰：泰坤称『乱』，二上之五，终止于泰，则反成否。子弑其父，臣弑其君，天下无邦，终穷成坤，故乱，其道穷。

疏 坤代终称「终」，上终于坤，故「泰坤称乱」，坤阴消故「乱」。既济者，已济也。其济在泰，至既济而尽。尽则二复于五，终止于泰而反成否。遁艮子弑父，否坤臣弑君。《否·象》曰「天下无邦」，是终穷于上，变坤成乱，故《象》曰「其道穷」也。

初九。曳其轮，濡其尾，无咎。

宋衷曰：离者，两阳一阴，阴方阳圆，舆轮之象也。其一在坎中，以火入水必败，故曰「曳其轮」也。初在后称「尾」。尾濡轮曳，咎也。得正有应，于义可以危而无咎矣。

疏 内体离，离两阳一阴之卦也。《考工记》：「轮崇舆广。」郑注云「载物为舆，行地为轮。舆方象阴，轮圆象阳」，故云「舆轮之象也」。二五三四又为坎，三在坎中，以火入水，必败之象，故曰「曳其轮」也。爻例上为首，初在下为尾。尾濡轮曳似咎。初得正，四有应，虽危无咎矣。

案：《说卦》曰「坎为轮为曳」，宋彼注云「水摩地而行曰曳」，故曰「曳其轮」。泰初在否为四，否四体艮为狐、为尾，未济之「小狐濡尾」是也。初应在四，之历坎水，坎水为濡，故「曳其轮，濡其尾」。濡、曳，咎也。得正故无咎。既济六爻各正，不取相应，虽二五亦然，故二主承三也。

六二。妇丧其髴，勿逐，七日得。

虞翻曰：离为「妇」，泰坤为「丧」，髴发谓鬒发也，一名妇人之首饰，坎为玄云，故称「髴」，《诗》曰「鬒发如云」。乾为「首」，坎为「美」，五取乾二之坤为坎，坎为盗，故「妇丧其髴」。泰震为七，故「勿逐七日得」，与睽「丧马勿逐」同义。「髴」或作「茀」，俗说以「髴」为妇人蔽膝之「茀」，非也。

疏 离中女，故为「妇」。泰坤丧于乙为「丧其髴」，从《子夏传》也。「髴发谓鬒发」，言鬒黑发也。「一名妇人之首饰」者，所谓被后夫人之燕服也。上坎为云，又坎水北方色黑，故云「玄云」。「称髴」者，如《诗·鄘风》曰「鬒发如云」是也。泰乾为首，既济坎美脊为美，五取乾二之坤成坎，《说卦》：「坎为盗。」故「妇丧其髴」。泰震谓三也。《系辞上》曰「天七」，谓庚也。震纳庚，故「震为七」。震足为逐，离成震毁，故「勿逐」。离为日，震变为离，二又互坎，故「七日得」。得其髴者，言当顺三也。睽初丧坎马，得震马，故与「丧马勿逐」同义也。「髴」，诸本皆作『茀』，或作『佛』、作『弗』、作『髭』，荀作『绂』。又云『以鬃为妇人蔽膝』，卦无膝象，故知非也。

九三。高宗伐鬼方，三年克之，小人勿用。

虞翻曰：高宗，殷王武丁。鬼方，国名。乾为高宗，坤为鬼方，乾二之坤五，故『高宗伐鬼方』。坤为『年』，位在三，故『三年』。坤为『小人』，二上克五，故『三年克之，小人勿用』，《象》曰『惫也』。

干宝曰：高宗，殷中兴之君。鬼方，北方国也。高宗尝伐鬼方，三年而后克之。离为戈兵，故称『伐』。坎当北方，故称『鬼』。在既济之家而述先代之功，以明周因于殷，有所弗革也。

疏 虞注：《丧服四制》：『武丁者，殷之贤王也，继世即位而慈良于丧。当此之时，殷衰而复兴，礼废而复起，故善之。善之，故载之书中而高之，故谓之高宗。』故云『高宗，殷王武丁』也。《乾凿度》曰：『九月之时，阳失正位，盛德既衰，而九三得正，下阴能终其道，济成万物。犹殷道中衰，王道陵迟，至于高宗，内理其国，以得民心，扶救衰微，伐征远方，三年而恶消灭，成王道，殷人高而宗之。文王挺以挍《易》，劝德也。』泰乾为君，三在震帝，君配天，故称高宗。《后汉书·西羌传》：『殷室中衰，诸侯皆叛，至高宗征西戎鬼方，三年乃克。』或曰鬼方，南方之国，《国语》：『九黎乱德，民神杂糅。』又曰『三苗复九黎之德』，是以三苗为鬼方也。干氏又以为北方国。《诗·大雅》：『覃及鬼方。』毛传『鬼方，远方也』。《汉书·匡衡传》：『成汤化夷俗而怀鬼方。』应劭云『鬼方，远方也。』于西、于南、于北，皆无所指。坤死为鬼，至静德方为方，故为鬼方。乾二上之坤五，故『高宗伐鬼方』。三为高宗者，既济，泰乾之坤，以乾为君，乾三得位，使二上五征坤，故三为高宗。《象》曰『君子思患而豫防之』，谓三也。日周为岁，阳也。月十二会为年，阴也，故『坤为年』。爻位在三，故曰『三年』。坤阴为『小人』，谓上也。二上克五，二至五亦三爻，故『三年克之』。坤小人，又为用，坤象不见，故『小人勿用』。坎为劳卦，故《象》曰『惫也』。

干注：殷衰而复兴，故云『高宗，殷中兴之君』。坎在北，故云『鬼方，北方国也』。内体离为戈兵，故『称伐』。外体坎位北方阴象，故『称鬼』。乾为先，既济三在乾，故云『述先代之功』。《后汉书》又曰『季历遂伐西落鬼戎』，故云『以明周因于殷，有所弗革也』。

六四。繻有衣袽，终日戒。

虞翻曰：乾为衣，故称「繻」。袽，败衣也。乾二之五，衣象裂坏，故「繻有衣袽」。离为日，坎为盗，在两坎间，故「终日戒」。谓伐鬼方，三年乃克，旅人勤劳，衣服皆败，鬼方之民，犹或寇窃，故「终日戒」也。

疏 「乾为衣」，《九家说卦》文。「繻」，《子夏传》作「瑎」，故「称繻」也。袽，败衣，《玉篇》「袾袽敝衣」是也。乾二之五，乾象不见，故衣象裂坏，而曰「繻有衣袽」。内离为日，外坎为盗，互离在两坎之间，故「终日戒」也。言远征勤劳，衣服已败，犹有鬼方寇盗之虞，故「终日戒」也。

案：《说文》：「采缯为繻，敝衣为袽。」引《易辞》「繻有衣袽」为证。夫「繻有衣袽」者，谓采缯而继以败衣，已盛将衰，既济过中之象也。可不「终日戒」乎。泰乾衣互兑，兑为毁折，又离成乾毁，故有衣枷之象。离为日，四出离外，有终日之象。盖三定既济之难，四则既济不可恃，故「终日戒」也。

九五。东邻杀牛，不如西邻之禴祭，实受其福。

虞翻曰：泰震为「东」，兑为「西」，坤为「牛」，震动五杀坤，故「东邻杀牛」。在坎多眚，为阴所乘，故「不如西邻之禴祭」。禴，夏祭也。离为夏。兑动，二体离明，得正承五顺三，故「实受其福，吉大来也」。

疏 泰互震为「东」，互兑为「西」，东西称「邻」。震动至五成阳，互兑金为杀坤，故曰「东邻杀牛」。既济五在坎为多眚，为上阴所乘，故「不如西邻之禴祭」。五在震为「东邻」，二在兑为「西邻」。泰成既济，四时象正。《左传》：「国之大事，在祀与戎。」故三言「伐鬼方」，五言祭祀也。「禴」同「礿」，《尔雅》「夏祭曰礿。」《春官·宗伯》：「以禴夏享先王。」故曰「禴，夏祭也」。离南方之卦，于时为夏。泰二互兑，二动体离为明。二阴得正，上承五阳，近顺三阳，阳实阴虚，又乾阳为福，故「实受其福」。盖五当既济之盛而陷乎险，不如二当始济之时丽乎文明，为「实受其福」，故《象》曰「吉大来也」。

上六。濡其首，厉。

虞翻曰：乾为首，五从二上在坎中，故「濡其首，厉」。位极乘阳，故「何可久」。

疏 五自乾来，故「乾为首」。五从二上，成坎为水，故「濡其首」。济极终乱，故「厉」也。位极乘阳，象上濡五，济不可久，泰所以终否也。

未济卦第六十四 ䷿

【原典】

坎下离上 未济，①亨，小狐汔济，濡其尾，无攸利。②

初六 濡其尾，吝。

九二 曳其轮，贞吉。

六三 未济，征凶，利涉大川。

九四 贞吉，悔亡。震用伐鬼方，三年有赏于大邦。③

六五 贞吉，无悔。君子之光，有孚吉。

上九 有孚于饮酒，无咎。濡其首，有孚失是。④

【导读】

未济卦讲的是事物的变化发展是不会终结的这一深刻的辩证法则。事物的发展，是曲折的艰难过程，需要不断努力。只有真诚努力，辛勤工作，积极促进事物向前发展，才能善始善终，由未济转化为既济，获得良好结果。

从卦序来看，作《易》者将未济卦安排在六十四卦的最后一卦，包含有揭示《易》道真谛的深意。正如《周易集解》引崔憬语所指出的：『夫《易》之为道，穷则变，变则通，而以「未济」终者，亦物不可穷也。』『未济』即未穷也，未穷则有『生生之义』。这样，《周易》虽只有六十四卦，但最后一卦的『生生之义』使它不仅没有在终点停下来，反而以终点为起点又展开新一轮的矛盾运动过程。

【精注】

①未济卦：坎下离上，象征尚未成功。②汔：极浅的河流。③震用：动用，指兴兵征战。震，强有力。大国，指殷商，又称大邦，大殷。④孚：诚信。这里指举杯同庆。

【今译】

未济卦：象征事物仍在运作，尚未成。未济卦的卦象下单卦为坎，为水；上单卦为离，为火。火在水之上，形成水火未济的卦象。小狐狸渡浅河快要到岸的时候，打湿了尾巴，所有的努力化为泡影。

初六：小狐狸过河，都快到了，尾巴却湿了，结果无利而终。

九二：用力将车轮往后拉，让车慢慢往前走，这是因为他有自知之明，深知凡事不可贸然而进。故吉。

六三：还没有过河，也有风险，贸然前进，会有灾害。凡事总要找到出路，克服千辛万苦，故可以干大事，宜于涉越大江，大河。

九四：持正固本，吉卦。雷霆之师讨伐鬼方，三年征战，大胜而归。按功行赏封侯、封地，但战事未息，还需要继续努力，不可掉以轻心。

六五：有君子之德，故没有悔恨。君子的荣光不仅表现在持正固本上，而且表现在能与普通百姓共渡难关。故其光辉可鉴。

上九　举酒庆贺，没有灾祸。但酗酒或贪于酒色，就与正道发生了偏离。

【集解】

未济，亨。

虞翻曰：否二之五也。柔得中，天地交，故「亨」。济，成也。六爻皆错，故称未济也。

疏　三阴三阳之卦自否来，故「否二之五也」。柔在五为「得中」，二五易位是「天地交」。交故通，通故亨。《书·君陈》：「必有忍，其乃有济。」孔传「必有所含忍，其乃有所成」，故云「济，成也」。六爻阴阳失位，故云「皆错」。错，故「称未济也」。

小狐汔济。

虞翻曰：否艮为小狐。汔，几也。济，济渡。狐济几渡而「濡其尾」，「未出中也」。

疏　《说卦》「艮为小石」，《九家说卦》「艮为狐」，故云「否艮为小狐」。谓四也。《诗·民劳》曰「汔可小康」，郑笺「汔，几也」。扬子《方言》「过渡谓之涉济」，故云「济，济渡」也。艮为狐，二上之五，五未成坎水，坎心为疑，狐性疑，几渡而坎水濡二，故曰「濡其尾」。《象》曰「未出中」者，未出下中也。濡尾，故未济。古谚云「狐欲渡河，无奈尾何」，即汔济濡尾之义也。

濡其尾，无攸利。

虞翻曰：艮为『尾』，狐，兽之长尾者也。『尾』谓二，在坎水中，故『濡其尾』。失位，故『无攸利，不续终也』。

干宝曰：坎为狐。《说文》曰『汔，涸也』。案刚柔失正，故未济也。五居中应刚，故亨也。小狐力弱，汔乃可济，水既未涸而乃济之，故尾濡而无所利也。

疏 虞注：黔喙之属多长尾，故艮为尾，而狐尾尤长。否二至四互艮为狐，故『尾谓二』。二在坎水中，故曰『濡其尾』。初阴失位，故『无攸利』。未济非可终之道，故《象》曰『不续终也』。

干注：『坎为狐』，《九家说卦》文。《说文》：『汔，小涸也。』六爻刚柔失正，故曰未济。五柔居中，下应二刚，故『亨』。小狐力弱，涸而后济，水未涸而济之，故『濡其尾而无所利也』。

初六。濡其尾，吝。

虞翻曰：应在四，故『濡其尾』。失位，故『吝』。

疏 初应在四，四在否艮，故为『尾』。四居互坎之中，坎为水，故『濡其尾』。初阴居阳失位，故『吝』。

九二。曳其轮，贞吉。

姚信曰：坎为曳为轮，两阴夹阳，轮之象也。二应于五而隔于四，止而据初，故『曳其轮』。处中而行，故曰『贞吉』。

干宝曰：坎为『轮』，离为『牛』，牛曳轮，上以承五命，犹东蕃之诸侯，共攻三监，以康周道，故曰『贞吉』也。

疏 姚注：『坎为曳为轮』，《说卦》文。坎两阴在外，一阴在中，轮之象也。二应于五，而中隔于四，且未济之家，不正相应，故皆不取应爻。止而据初，故『曳其轮』也。虽不得位，处中而行，亦『贞吉』也。

干注：内坎为『轮』，外离牝牛为牛。离牛曳坎轮，二上应五，故云『上承五命』。《史记·殷世家》：『武王封纣子武庚禄父，乃令其弟管叔、蔡叔傅相武庚。武王既崩，管叔、蔡叔疑周公，乃与武庚作乱。周公以成王命，兴师伐殷，杀武庚、管叔，放蔡叔，以武庚殷余民，封康叔为卫君』，此『东蕃诸侯，其攻三监，以康周道』之事也，故曰『贞吉』。

六三。未济，征凶，利涉大川。

荀爽曰：『未济』者，未成也。女在外，男在内，婚姻未成，征上从四则凶。利下从坎，故『利涉大川』矣。

疏 济者，成也，「未济」者，言阴阳不当，婚姻未成也。离中女在外，坎中男在内，阴阳易位，是婚姻未成之象也。男女不正，《杂卦》：「未济，男之穷也。」故三往从四则凶。利下从坎，坎为大川，故「利涉大川矣」。

案：三在两坎之中，故独象未济。陆行为征，水行为涉，三既失位，初二又不变正，震足大涂不见，故征凶。内坎接外坎，故「利涉大川」。

九四。贞吉，悔亡。

虞翻曰：动正得位，故吉而悔亡矣。

疏 四失正，变而之正为得位，故「吉而悔亡」。

震用伐鬼方，三年有赏于大邦。

虞翻曰：变之震体师，坤为鬼方，故「震用伐鬼方」。坤为「年」，为「大邦」，阳称「赏」。四在坤中，体既济离三，故「三年有赏于大邦」。

疏 四变，互二三为震，故云「变之震」。自初至五体师象，坤为鬼方，释见既济，故曰「震用伐鬼方」。坤为「年」，亦见既济。坤众，故「为大邦」。《司勋》掌于《夏官》，管子曰「夏赏五德」，故「阳称赏」。四于变坤中，在既济离三，故「三年有赏于大邦」。

愚案：既济称「高宗伐鬼方」，此不言高宗。高宗，殷主也，又何大邦有赏焉。考《后汉书·西羌传》曰「高宗征西戎鬼方，三年乃克」，此即既济「高宗伐鬼方」是也。又曰「武乙暴虐，犬戎寇边，周古公逾梁山而避于岐下，及子季历，遂伐西落鬼戎」。章怀引《竹书》注之曰「武乙三十五年，周王季历伐西落鬼戎，俘二十翟王」，据此则「震用伐鬼方」，当指季历无疑。盖四变互震为侯，故曰「震用」。又《纪年》称「周公季历来朝，王赐地三十里，玉十瑴，马十匹」，故曰「三年有赏于大邦」。即干氏既济注亦云「周因于殷，有所弗革」，意谓此也。

六五。贞吉，无悔。

虞翻曰：之正则吉，故「贞吉，无悔」。

疏 五失位，互坎心为「悔」，变正则吉，故「贞吉，无悔」。

君子之光，有孚吉。

虞翻曰：动之乾，离为光，故「君子之光」也。「孚」谓二，二变应，已得有之，故「有孚吉」，坎称「孚」也。

干宝曰：以六居五，周公摄政之象也，故曰「贞吉，无悔」。制礼作乐，复子明辟，天下乃明其道，乃信其诚，故「君子之光，有孚吉」矣。

疏 虞注：三四已正，故云「动之乾」。变正成离为光，故云「君子之光也」。五与二应，故「孚谓二」。二亦变正应五，已得有之，故曰「有孚吉」。三四已正，二亦在坎，故「坎称孚也」。

干注：以阴居阳，是以臣代君，为周公摄政之象，故「贞吉，无悔」也。《明堂位》：「昔者周公朝诸侯于明堂之位，天子负扆南乡而立」，又曰「六年，朝诸侯于明堂，制礼作乐」，《书·洛诰》曰「朕复子明辟」，故天下明其摄政之道，信其复辟之诚。此「君子之光」，所以「有孚吉」也。

上九。有孚于饮酒，无咎。濡其首，有孚失是。

虞翻曰：坎为「孚」，谓四也。上之三介四，故「有孚」。坎酒流颐中，故「有孚于饮酒」。终变之正，故「无咎」。乾为「首」，五动，首在酒中，失位，故「濡其首」矣。孚，信，是，正也。六位失正，故「有孚失是」。谓若殷纣沉湎于酒，以失天下也。

疏 四互坎为孚，故「孚谓四也」。三与上应，上之三介四坎串，故「有孚」。坎水为酒，二至上有颐象，四坎在中，是「坎酒流于颐中」，故「有孚于饮酒」。失正，咎也，上终变正，故「无咎」。否乾为「首」，爻例上亦为「首」。坤二之五是「五动」，为「首在酒中」。动而失位，故「濡其首」矣。「孚，信」，《说文》文。又《说文》曰「是从日从正」，故曰「是，正也」。六位阴阳皆失其正，故「有孚失是」也。《书·泰誓》称「商王受沉湎冒色」，故云「若殷纣沉湎于酒，以失天下也」。

下篇：《易传》（精选）

《易传》，实际上是阐释《易经》经文的专著，包括《彖传》上下篇、《象传》上下篇、《文言》、《系辞传》上下篇、《说卦传》、《序卦传》、《杂卦传》凡七种十篇。因其阐发经文大义，如本经之羽翼，故汉人又称《易传》为《易经》之『十翼』，后世则统称《易传》。因篇幅所限，本书为节选。

彖传①

《彖传》随上下经分为上下篇，共六十四节，分释六十四卦卦名、卦辞及卦大旨。

彖传上篇

乾卦

【原典】

大哉乾元，万物资始，乃统天。云行雨施，品物流形②，大明③终始，六位时成，时乘六龙④以御天。乾道变化，各正性命，保合大和⑤，乃利贞。首出庶物⑥，万国咸宁⑦。

【精注】

①《彖传》，易传之一。它随上经下经分为上下两篇，共六十四节，即六十四卦每卦一节，分别解释各卦卦名和卦辞含义，揭示一卦要旨。②品物流形：品物，即各类事物；流形，指流布成形。③大明：即太阳。④六龙：即喻《乾》卦六爻。⑤保：保全。合：阴阳会合。太和元气。⑥首出庶物：此句说明阳气的变化寻常往返，犹如冬尽春来，新的阳气又开始萌生万物。⑦万国咸宁：万国，即天下万方之意。咸宁，犹言尽皆安宁顺畅地发展。

【今译】

《乾》卦『元始创造』的品德是多么伟大啊！宇宙自然的万物都依靠它而开始生成，所以它统领着天，时刻执行着天的意志。云朵飘行，霖雨降落，各类的生物流布成形，显示着丰富多彩的生命形态。光辉灿烂的太阳四季照耀着，《乾》卦的六个阳爻按照不同的时位组成，就像阳气乘着六条巨龙按季节的变换驾驭着天的运行。大自然运行变化的规律，使宇宙自然中的万物形成其独特的品德属性，又保全了阴阳会合冲和的元气，以有利于守持正固。阳气从萌芽状态开始而生成万物，又运行得生生不息，天下万方都因此而和美安宁。

【集解】

《彖》曰：大哉乾元。

《九家易》曰：阳称大，六爻纯阳故曰『大』。乾者纯阳，众卦所生，天之象也。观乾之始，以知天德。惟天为大，惟乾则之，故曰『大哉』。元者，气之始也。

疏 泰、否二卦，皆言『大小往来』，『大』谓阳，『小』谓阴，故知『阳称大』。六爻纯阳，所以称『大』。乾为纯阳之卦，而元又阳卦之始，《乾凿度》曰『易始于一』。盖乾始一画，六十四卦、三百八十四爻，皆受始于乾之一阳，故云『众卦所生』。『在天成象』，故云『天之象也』。乾之始，即天之始，故『观乾之始，以知天德』。乾之大，即天之大，故『惟天为大，惟乾则之』。于文一大为天，一即乾元，故赞以『大哉』也。《乾凿度》曰『大初者，气之始也』，『大初』即乾元也，故云『元者，气之始也』。何休《公羊注》云『元者，气也，天地之始』，故《传》曰『大哉乾元，万物资始』，是其义也。

万物资始。

荀爽曰：谓分为六十四卦，万一千五百二十册，皆受始于乾也。册取始于乾，犹万物之生本于天。

疏 郑注云『资，取也』。《系辞上》曰『乾之册二百一十有六，坤之册百四十有四。二篇之册万有一千五百二十，当万物之数』，而皆受始于乾之一阳，故云『册取始于乾，犹万物之生本于天』。《说文》曰『惟初大始，道立于一，造分天地，化成万物』，《吕览·论人》曰『凡彼万形，得一后成』，董子曰『元为万物之本』，何休《公羊注》曰『元者，天地之始』，皆此义也。

乃统天。

《九家易》曰：乾之为德，乃统继天道，与天合化也。

疏 《系辞上》曰『继之者善也』，虞彼注云『继，统也』，《孟子》曰『君子创业垂统，为可继也』，是『统』有『继』义。故言『乾德统继天道，与天合化』。即《九家》注所云『惟天为大，惟乾则之』是也。郑氏训『统』为『本』，谓乾能继天则可，谓乾为天本则非也。

云行雨施，品物流形。

虞翻曰：已成既济，上坎为『云』，下坎为『雨』，故『云行雨施』。乾以云雨流坤之形，万物化成，故曰『品物流形』也。

疏 二四六皆失正，之坤成两坎，为既济。上成坎为『云』，如需之坎，在上则象云。下互坎为『雨』，如解之坎，在下则象雨是也。凡物禀气于天，受形于地。『云行雨施』，则坤受乾气而成形。坤形下为『形』。《系辞上》曰『坤化成物』，故云『万物化成』。《说文》：『品，众庶也。』《说卦》：『坤为众。』『品物』即众物，故曰『品物流形』也。

大明终始。

荀爽曰：乾起坎而终于离，坤起于离而终于坎。离、坎者，乾、坤之家而阴阳之府，故曰『大明终始』也。

疏 坤二五之乾成离，乾二五之坤成坎。坎、离为天地之交，而得乾、坤之中者也。坎本乾之气，故乾起于坎之一阳，而终于离之二阳。离本坤之气，故坤起于离之一阴，而终于坎之二阴。乾寓坎中，坤寓离中，故坎、离为『乾、坤之家而阴阳之府』也。且坎也者，坤受乾体而为月。离也者，乾含坤象而为日。日月合而为『明』，故曰『大明终始』也。《乾凿度》曰『离为日，坎为月。日月之道，阴阳之经，所以终始万物』，即此义也。

六位时成。

荀爽曰：六爻随时而成乾。

疏 六位，六爻也。以十二月消息言之。乾始于十一月之一阳，而成于四月之六阳。坤始于五月之一阴，而成于十月之六阴。故云『六爻随时而成乾』也。以十二月爻辰言之。乾始于子而成于戌，坤始于未而成于巳，亦『六爻随时而成乾』也。言『成乾』，而六爻随时成坤，在其中矣。

时乘六龙以御天。

侯果曰：大明，日也。六位，天地四时也。六爻效彼而作也。大明以昼夜为『终始』，六位以相揭为『时成』。言乾乘六气而陶冶变化，运四时而统御天地，故曰『时乘六龙以御天』也。故《乾凿度》曰『日月终始万物』，是其义也。

疏 《礼·礼器》『大明生于东』，郑注『大明，日也』。故以『大明』为『日』。不言月，举日以该月也。《系辞下》曰『周流六虚』，虞彼注云『六虚，即六位也』。以『六位』为『天地四时』者，上天下地，四时运行其中。而六爻之卦，即效彼六位而作，所谓『周流六虚』是也。大明流行而不已，故曰『以昼夜为终始』。六位对待而成功，故云『以相揭为时成』。揭，举也，举对待而言也。《说卦》曰『乾以君之』，又曰『乾为君』。人君乘六爻之阳气，以陶冶变化，运行四时，统御天地，故曰『时乘六龙以御天』也。终引《乾凿度》『日月终始万物』，以明其义，故知举日以该月也。

愚案：乾始统天，言其体也。乘龙御天，言其用也。体始于一画，故曰『乾元』。用周于六爻，故曰『六龙』。不举其体，无以见乾之大。不言其用，无以见乾之时。

乾道变化，各正性命。保合大和，乃利贞。

疏 乾元为道，故曰『乾道』。《上系》始以『阴阳之谓道』，终以『阴阳不测之谓神』，韩康伯彼注云『神者，变化之极』，故曰『乾道变化』。《系》又曰『知变化之道者，其知神之所为乎』，虞彼注云『在阳称「变」，乾二之坤。在阴称「化」，坤五之乾』。盖以乾统坤，乾主变、坤主化也。《中庸》曰『天命之谓性』，『乾为天』，是『性』谓乾也。坤伏乾初为巽。《巽·象》曰『君子以申命行事』，是『命』谓巽也。以乾变坤，以坤化乾，成既济定。六爻皆正，刚柔位当，故曰『各正性命』。六爻皆合，阴阳合德，故曰『保合大和』。『和』即利也。乾不言利，故称『大和』。皆释和贞之义，故曰『乃利贞』也。

首出庶物，万国咸宁。

刘瓛曰：阳气为万物之所始，故曰『首出庶物』。立君而天下皆宁，故曰『万国咸宁』也。

疏 《说卦》曰『乾为首』，故曰『首』。乾初息震，《说卦》曰『帝出乎震』，故曰『出』。《系辞下》曰『乾，阳物也。坤，阴物也』，是『物』为阴阳之总名。虞注《比·象》云『坤为万国』。坤为地，地有九州，故曰『万国』。坤『安贞』，故曰『宁』。阳出震而阴静，故曰『首出庶物，万国咸宁』也。

坤卦

【原典】

《彖》曰：至哉坤元，万物资生①，乃顺承天。坤厚载物，德合无疆②。含弘光大，品物咸亨，牝马地类，行地无疆③，柔顺利贞。君子攸行，先迷失道④，后顺得常。西南得朋，乃与类行；东北丧朋，乃终有庆⑤。安贞之吉，应地无疆⑥。

【精注】①生：指生命形成；乃，只是、仅是，指地使生命成形只是顺从天意。②德，地德，即坤阴的品德；合，应合、合拍；无疆，指天给万物以生命，功德无边；含弘，指地包含万物；光大，广大，用来加重『弘』的意义分量。③行地无疆：实际是说随从种马才能奔驰不息；贞：指坚守顺从种马的本性。④失道，背离了阴从阳的正道；得常：恢复了臣从君的常规。有庆，专心从阳，值得庆贺。⑤庆：值得庆幸的事情，即好事。⑥应：符合、对应；地无疆，地德所以无边，原因就在于从天。

【今译】配合得天衣无缝，生命成形起点的坤阴元气！万物因你得到了形体，你顺从和承接了天的功能。大地厚实，承载万物，品德与天合拍。无限广大包含养育一切，各类事物都在地的怀抱中顺利成长。牝马属于阴类，它能驰骋不息，在于性情柔顺，坚守了正道，一切都顺利进行。君子所作所为，卦辞中说的『先迷』，含义是指领先是违反了正道，卦辞中说的『后顺』，含义是随后顺从符合常规。往西南方交朋友，这是与同类在一起；在东北方失去朋友，结果是件好事。人们安心坚守正道的吉祥，正与大地的美德相辅相成，所以能够功德无疆。

【集解】**《象》曰：至哉坤元。**

《九家易》曰：谓乾气至坤，万物资受而以生也。坤者纯阴，配乾生物，亦善之始，地之象也，故又叹言至美。

疏 《说文》曰：『元气初分，浊阴为地，万物所陈列也。』《白虎通》曰：『地者，元气所生，万物之祖。』是地生于元气，即坤所禀以为元而生物者也。《系辞下》曰：『天地之大德曰生。』《六书精蕴》曰：『元，天地之所以生生者也。』《谷梁传》曰：『独阳不生，独天不生。』故必乾气至坤，然后万物资受以生也。又曰『独阴不生』，故坤必以纯阴配乎乾之纯阳，然后能化生万物。所以亦为善之始，而象乎地也。盖坤之生资乎乾之生，故乾之元即为坤之元。叹言至美，所以赞之也。《说文》曰：『至，从高下至地。从一，一犹地也。』故赞坤元曰『大哉』。又曰『天，至高无上。从一大』也，故赞乾元曰『大哉』。

万物资生。

荀爽曰：谓万一千五百二十册，皆受始于乾，由坤而生也。册生于坤，由万物成形，出乎地也。

疏　《系》上曰『二篇之册，万有一千五百二十，当万物之数也』。《乾凿度》曰『乾、坤相并俱生，故合于一元』，《三统历》曰『阴阳合德，气钟于子，化生万物』。盖子贞震初，震以一阳息坤，生由是始。故云『万有一千五百二十册，皆受始于乾，由坤而生也』。《系》又曰『大衍之数五十，其用四十有九』，干彼注云『衍，合也』，崔注云『舍一不用者，以象太极』。当合而为一，册犹未兆。及分而为二，而阴阳之册由是生，故云『册生于坤』。册不分则不生，犹万物资始于天，不得地气则形不成也。《老子·德经》曰『一生二，二生三，三生万物』，高诱《淮南注》云『一谓道也。三者，和气也。或说一者，元气也。生二者，乾坤也。二生三，三生万物，天地设位，阴阳流通，万物乃生』，故曰『至哉坤元，万物资生』。

乃顺承天。

刘瓛曰：万物资生于地，故地承天而生也。

疏　《说卦》：『坤，顺也。』《说文》：『承，奉也。』盖万物资生于地者也，然『独阴不生』，故地唯以柔顺上承乎天，而后万物生，明坤凝乾元也。

坤厚载物。

蜀才曰：坤以广厚之德，载含万物，无有穷竟也。

疏　《说卦》『坤为大举』，取能载物之义。《中庸》曰『博厚所以载物也』，故云『坤以广厚之德，载含万物』。下云『无疆』，故云『无有穷竟也』。

德合无疆。

蜀才曰：天有无疆之德，而坤合之，故云『德合无疆』也。

疏　《说文》『疆』本作『畺』，『界也』。『无疆』者，地以形言也。《中庸》曰『悠久无疆』，则合天地言之矣。盖地无疆者形，天之无疆者气，而皆德为之。天德无疆而坤能合之，故曰『德合无疆』，即《中庸》『悠久无疆』之义也。

含弘光大。

荀爽曰：乾二居五为『含』，坤五居乾二为『弘』。坤初居乾四为『光』，乾四居坤初为『大』也。

疏 乾二之坤五成坎，坎中实二阴包一阳，故为『含』。坤五居乾二成离，离中虚，二阳包一阴，故为『弘』。坤初居乾四体观，观曰『观国之光』，故曰『光』。乾四居坤初为震，《说卦》曰『震为大涂』，故曰『大』。或曰『其静也翕』，故曰『含弘』。『其动也关』，故曰『光大』。

品物咸亨。

荀爽曰：天地交，万物生，故『咸亨』。

崔憬曰：含育万物为『弘』，光华万物为大，动植各遂其性，故言『品物咸亨』也。

疏 荀注：天地交为泰。《泰·彖传》曰『天地交而万物通也』，何氏彼注云『泰之为道，本以通生万物』。泰，通也，通即『亨』也。是以『天地交，万物生而咸亨』，明坤受乾亨也。

崔注：『含育万物为弘』者，即《君陈》曰『有容，德乃大』是也。『光华万物为大』者，即《尧典》曰『光被四表，格于上下』是也。《地官·大司徒》：『以土会之灋，辨五地之物生，一曰山林，其动物宜毛物，其植物宜皂物。二曰川泽，其动物宜鳞物，其植物宜膏物。三曰丘陵，其动物宜羽物，其植物宜核物。四曰坟衍，其动物宜介物，其植物宜荚物。五曰原隰，其动物宜裸物，其植物宜丛物。』动植各遂其生，故曰『品物咸亨』。

牝马地类，行地无疆。

侯果曰：地之所以含弘物者，以其顺而承天也。马之所以行地远者，以其柔而伏人也。而又牝马，顺之至也。诫臣子当至顺，故作《易》者取象焉。

疏 言地所以生物者，以其顺而承天。马所以行远者，以其柔而伏人。马而牝马，顺之又顺矣。柔顺之道，于臣子宜。作《易》者欲臣子以柔顺事其君父，故特取象于是焉。

案：《九家易》『坤为牝』，是『牝马』为『地类』矣。《汉书·食货志》：『地用莫如马。』故王氏注云『坤以马行地』。坤初动为震，震于马为异足，为作足，故为『行』。又为大途，故为『行地』。马禀乾气，牝为坤类，是健而且顺矣。德顺而健，故曰『行地无疆』。

柔顺利贞，君子攸行。

《九家易》曰：谓坤爻本在柔顺阴位，则利贞之乾，则阳爻来据之，故曰『君子攸行』。

疏　虞《系辞下》注云：『乾六爻，二四上非正。坤六爻，初三五非正。』言坤爻当在柔顺阴位，其不得位者，当变居乾之二四上则正矣，故云『利贞之乾』。坤之乾，则乾来居坤之初、三、五而六爻皆正矣。『君子』谓阳，乾来据坤，初动震为『行』，故曰『君子攸行』。

先迷失道，后顺得常。

何妥曰：阴道恶先，故先致迷失。后顺于主，则保其常庆也。

疏虞注『道义之门』，云『乾为道门』。阳先阴后，故阴恶先，先剧以迷而失乎乾之道。《九家·说卦》曰『坤为裳』，《说文》『裳』作『常』。后之而得所主，则以顺而得乎坤之常。『保其常庆』者，即『乃终有庆』也。

西南得朋，乃与类行。

虞翻曰：谓阳得其类，月朔至望，从震至乾，与时偕行，故『乃与类行』。

疏　此以纳甲言也。乾纳甲壬，坤纳乙癸，即『天地定位』也。震纳庚，巽纳辛，即『雷风相薄』也。艮纳丙，兑纳丁，即『山泽通气』也。坎纳戊，离纳己，即『水火不相射』也。坎、离为日月本体。《系辞上》曰『县象著明，莫大乎日月』，虞彼注云『日月县天，成八卦象。三日莫，震象出庚。八日，兑象见丁。十五日，乾象盈甲。十六日旦，巽象退辛。二十三日，艮象消丙。三十日，坤象灭乙。晦夕朔旦，坎象流戊。日中则离，离象就己』。此云『谓阳得其类』者，谓一阳出震为生明，二阳见兑为上弦，三阳盈乾为望也。自朔至望，皆『与时偕行』。且三阳由渐而息，为『得朋』。又始出震，震为『行』，故曰『乃与类行』。

东北丧朋，乃终有庆。

虞翻曰：阳丧灭坤，坤终复生，谓月三日，震象出庚，故『乃终有庆』。此指说易道阴阳消息之大要也。谓阳月三日，变而成震，出庚，至月八日，成兑见丁，庚西丁南，故『西南得朋』。谓二阳为『朋』，故『兑君子以朋友讲习』。《文言》云『敬义立而德不孤』，《象》曰『乃与类行』。二十九日，消乙入坤，灭藏于癸，乙东癸北，故『东北丧朋』。谓之以坤灭乾，坤为丧故也。马君云：『孟秋之月，阴气始著，而坤之位，同类相得，故「西南得朋」。孟春之月，阳气始著，阴始从阳，失其党类，故「东北丧朋」。』失之甚矣。而荀君以为『阴起于午，至申三阴，得坤一体，故曰「西南得朋」。阳起于子，至寅三阳，丧坤一体，故「东北丧朋」』。就如荀说，从午至申，经当言南西得朋，子至寅，当言北东丧朋。以乾变坤而言『丧朋』，经以乾卦为丧邪？此何异于马也！

疏 『阳丧灭坤』者，即十六日一阴生，退巽至坤而尽灭也。『坤终复生』者，阴尽阳生，『终则有始』也。灭于坤，三日复出于震，故曰『乃终有庆』，即『余庆』也。此指说易道阴阳消息之大要也者。盖孟喜、焦、京以十二月辟卦明一岁阴阳消长之要，此则以六纯卦言一月阴阳消长之要也。消息不言坎、离者，坎、离为天地之合也。纳甲不言坎、离者，坎、离为日月之本也。《系》曰：『县象著明，莫大乎日月。』月受日光，阴阳消息之最著者，故以此为候焉。『庖牺观象而放八卦』，谓此也。《文言》曰『敬义立而德不孤』，虞彼注云『阳见兑丁，西南得朋，乃与类行』，本《彖辞》以释『不孤』之义，故复援彼以证此也。《系传注》言『三十日』，此言『二十九日』，为是月至二十九日，消乙方而入坤，灭藏于癸方，晦朔乃天地之合也。乙，东方；癸，北方。由东而北，故曰『东北丧朋』。乾甲三阳，渐消于坤，故云『以坤灭乾』。月丧于坤，故『坤为丧』也。马君谓融。马以申为西南，寅为东北，又春夏为阳，秋冬为阴。坤，阴也，故七月阴始著于秋，为『西南得朋』。正月阳始著于春，为『东北丧朋』。然申贞于否，不可谓『得』，寅贞于泰不可谓『丧』，故不取。荀君谓爽。荀以阴起于午月姤历遁至否而成三阴，皆得坤一体，故曰『得朋』。阳起于子月复，历临至泰而成三阳，皆丧坤一体，故曰『丧朋』。虞意谓从午至申，不可逆言『西南』，从子至寅，不可逆言『东北』。且以乾息消坤，谓为『丧朋』，尤不合经旨，故两说皆不取也。

安贞之吉。

虞翻曰：坤道至静，故『安』，复初得正，故『贞吉』。

疏 《文言》曰『至静而德方』，惟静故『安』。初动为复，复阳得正，故『贞吉』。

应地无疆。

虞翻曰：震为『应』。阳正于初，以承坤阴，地道应，故『应地无疆』。

疏 震与巽『同声相应』。故为『应』。震阳正于复初，上承坤阴，是阳爻初交于地而地道应之，故曰『应地无疆』。丧朋犹吉，以有应故也。

屯卦

【原典】

屯，刚柔始交而难生①，动乎险中②，大亨贞③。雷雨之动满形④，天造草昧⑤，宜建侯而不宁。

【精注】

①刚柔：震雷是刚，坎水是柔。始交：开始接触。②险：坎是水，又是险。③大亨贞：元亨、利贞的解释和省略。④雷雨：震是雷，坎是水，又是雨。⑤造：创造。草昧：草莱和蒙昧，指世界正在形成，新世界降临于世。

【今译】

屯卦是表明震雷和坎水开始接触，就会有困难来临。震雷在坎险之中运动将大为顺利，并凭着以退为进和以后取先的正确策略得到好处。震雷和坎雨的动荡充满宇宙，是天在创造新世界，应该乘这个千载难逢的机会先建立一个侯国，而不苟且偷安。

【集解】

《彖》曰：屯，刚柔始交而难生。

虞翻曰：『乾刚坤柔』，坎二交初，故『始交』。确乎难拔，故『难生』也。

崔憬曰：十二月，阳始浸长而交于阴，故曰『刚柔始交』。万物萌芽，生于地中，有寒冰之难，故言『难生』。于人事，则是运季业初之际也。

疏 虞注：『乾刚坤柔』，《杂卦传》文。卦自坎来，坎二始交于初，故曰『始交』，所谓『元』也。屯之初刚，与乾之初刚同义，故云『确乎难拔』。《说文》：『屯，难也。象草木之初生，屯然而难。从中贯一，一，地也，尾曲。』故曰『难生』也。

崔注：此以消息言也。四阴二阳之卦自临来，屯，临二上之五也。《易纬稽览图》：临、屯皆十二月卦。阳生于复初，临二浸长而交于坤阴，故曰『刚柔始交』也。『万物萌芽，生于地中』者，互震为初生，坤在外，故云『地中』也。《月令》：『季冬之月出土，牛以逆寒气』，又曰『冰方盛，水泽腹坚』，故『有寒冰之难』。屯正值小寒，寒故『难生』也。十二月天数几终，岁月更始，是天时之屯也，故屯在丑。国家当元二之际，如干氏下注云『水运将终，木德将始』，新旧乘除，是『运季业初』，人事之屯也，故屯为难。引人事，所以明天时也。

动乎险中，大亨贞。

荀爽曰：物难在始生，此本坎卦也。

案：初六升二，九二降初，是刚柔始交也。交则成震，震为动也，上有坎，是动乎险中也。动由物通而得正，故曰『动乎险中，大亨贞』也。

疏　荀注：『说卦』曰『万物出乎震』，故震为『始生』。外遇坎以陷之，又曰『劳乎坎』，崔氏彼注云『阳气伏于子，潜藏地中，未能浸长，劳局众阴之中』，故云『物虽在始生』。屯自坎来，故云『此本坎卦也』。

案：初升二降，刚柔交而成震。震为动也，本《说卦》。《坎·象传》曰：『习坎，重险也。』坎险在上，震动在下，是『动乎险中』也。

愚案：初阳为『大』，动则通为『亨』，得乎正为『贞』，故曰『大亨贞』。

雷雨之动满形。

荀爽曰：雷震雨润，则万物满形而生也。

虞翻曰：震雷坎雨，坤为『形』也。谓三已反正，成既济，坎水流坤，故『满形』。谓雷动雨施，品物流形也。

疏　荀注：《说文》：『雷雨，生物者也。』故雷以震之，则伏者起；雨以润之，则勾者达。万物所以满形而生也。

虞注：《说卦》：『震为雷』，又『雨以润之』，谓坎也，故云『震雷坎雨』。《系·上》曰『在地成形』，故『坤为形』。六爻惟三失位，动而成阳，六爻皆正，成既济定。坎一阳入坤，为『坎水流坤』。『满形』者，谓满坤形也。盖屯与乾同义，乾、坤交，成既济，故『云行雨施，品物流形』，屯三动，成既济，故『雷动雨施，品物流形』。

天造草昧。

荀爽曰：谓阳动在下，造生万物于冥昧之中也。

疏　『阳动在下』，谓震动于初，在互坤之下。坤夜属阴，故云『冥昧』。王冰《玄珠密语》曰『阳为造生，阴为化源』，故云『造物于冥昧之中』。且『屯』象屮出一上，故曰『草昧』也。

宜建侯而不宁。

荀爽曰：天地初开，世尚屯难，震位承乾，故『宜建侯』。动而遇险，故『不宁』也。

虞翻曰：造，造生也，草，草创物也。坤冥为昧，故『天造草昧』。成既济定，故曰『不宁』，言宁也。

干宝曰：水运将终，木德将始，殷周际也。百姓盈盈，匪君子不宁。天下既遭屯险之难，后王宜荡之以雷雨之政，故封诸侯以宁之也。

疏 荀注：『天地初开，世尚屯难』者，谓乾、坤之后，继之以屯也。屯初震为长子，上承乾父，故曰『宜建侯』。内震动而外遇坎险，坎为劳卦，故『不宁』。《左传》曰『外宁必有内忧』，惟『不宁』故宁也。

虞注：阳为造生，故云『造，造生也』。屯象屮出地，屮，古草字。凡物之初创者，谓之『草创』，《论语》：『裨谌草创之』，义与此同，故云『草，草创物也』。下体互坤。『坤冥为昧』者，《系辞上》曰『刚柔者，昼夜之象也』，荀彼注云『坤为夜』，《说文》曰『冥，幽也。从日六，冖声。冖亦夜也』，《书·尧典》：『宅西曰昧谷。』《传》云『昧，冥也。日入于谷而天下冥，故曰昧谷』，是坤夜为『冥』，冥即为『昧』也。震一阳自乾来，乾为天，天生物于坤中，故曰『天造草昧』也。三正成既济，六爻既定，『万国咸宁』。言『不宁』者，犹《诗》以『不显』为显也。

干注：《家语》：『殷人以水德王，周人以木德王。』屯，坎宫二世卦也，坎水变之震木，故以『水运将终，木德将始』，象『殷周之际』也。『百姓盈盈』，屯者，盈也。『匪君子不宁』，匪六三伏阳之君子，不宁也。『天下既遭屯险之难』，是殷运将季。『后王宜荡之以雷雨之政』，是周业方初。故必建侯以扶屯难，始足以宁之也，如周公吊二叔之不咸，建亲戚以藩屏周是也。

蒙卦

【原典】蒙，山下有险，险而止，蒙。蒙，亨，以亨行时中也①。『匪我求童蒙，童蒙求我②，』志应也。『初筮告』，以刚中也。『再三渎，渎则不告』，渎，蒙也。蒙以养正③，圣功也。

【精注】①以亨行时中：犹言在蒙茫之中，以通达的态度处置进止，既得时宜，又中事机。②童蒙：愚昧无知的人。③

蒙以养正：犹言将蒙昧之人培养成具有贞正品质的人。

【今译】

《蒙卦》的卦象，好比山下有险阻，道路不能畅通，因而处于蒙昧状态，故称为《蒙卦》。蒙昧不明，可是却能亨通，表面上看很难理解，它指的是虽然处于蒙昧状态，一无所知，但若遇到适当时机，收效有可能会更大。『不是我有求于愚昧无知的人，而是愚昧无知的人有求于我』，是说明占筮者与求筮者的关系是相互对应的。『第一次占筮，神灵有问必答』，教育者应必须拥有正确态度；『而一而再、再而三的没有礼貌的占筮，则不予回答』，没有礼貌是愚昧无知的表现。通过启蒙教育，可以把愚昧无知的人锻造成品质纯正的人，这就是圣人的功业。

【集解】

《彖》曰：蒙，山下有险，险而止，蒙。

侯果曰：艮为山，坎为险，是『山下有险』。险被山止，止则未通，蒙昧之象也。

疏 『艮为山』，《说卦》文。《坎·彖传》曰『习坎，重险也』，故『为险』。山上险下，故曰『山下有险』。坎险在前而艮以止之，故云『险被山止』。止则穷而未通，故为『蒙昧之象』。王氏云『退则困险，进则阂山，不知所适，蒙之义也』。

愚案：『山下有险』，先言『山』后言『险』，卦象自上而下也。『险而止』，先言『险』后言『止』，易气皆自下生也。余卦仿此。

蒙亨，以亨行时中也。

荀爽曰：此本艮卦也。

案：二进居三，三降居二。刚柔得中，故能通发蒙时，令得时中矣，故曰『蒙亨，以亨行时中也』。

疏 荀注：蒙自艮来，故云『此本艮卦也』。

案：艮二阴爻，进居三阳位，三阳爻，降居二阴位，以爻济位而二又得中，故云『刚柔得中』也。得中则能通发六五之蒙昧，使得时中之道，故曰『蒙亨，以亨行时中也』。艮三『时行则行』，二由艮三下，故『以亨行时中也』。

匪我求童蒙。

陆绩曰：六五阴爻，在蒙暗。蒙又体艮少男，故曰「童蒙」。

疏 六五阴爻，在蒙昧之中，上体艮，《说卦》曰「艮三索而得男，谓之少男」，故曰「童蒙」。

童蒙求我，志应也。

荀爽曰：二与五志相应也。

疏 二与五应，坎心为「志」，志相通，故「应」也。

初筮告，以刚中也。

崔憬曰：以二「刚中」，能发于蒙也。

疏 二以刚居中，刚则诲人不倦，中则立教不偏，故能告以启蒙也。

再三渎，渎则不告，渎蒙也。

荀爽曰：「再三」谓三与四也。皆乘阳不敬，故曰「渎」。渎不能尊阳，蒙气不除，故曰「渎蒙也」。

疏 三与四比，下乘二阳，承阳则敬，乘阴则不敬，三四皆不敬二，故曰「再三渎」。二与三四无应，故「渎则不告」。黩媟则不尊阳，《中庸》曰「敬大臣则不眩」，不敬则蒙气不除，故曰「渎蒙也」。

蒙以养正，圣功也。

虞翻曰：体颐，故「养」。「五多功」，「圣」谓二，二志应五，变得正而亡其蒙，故「圣功也」。

干宝曰：武王之崩，年九十三矣，而成王八岁。言天后成王之年，将以养公正之道，而成三圣之功。

疏 虞注：二至上体颐象，《序卦》曰「颐者，养也」，《颐·彖》曰「养正则吉也」。「五多功」，《系辞下》文。「圣谓二」者，二坎心为思，《洪范》曰「思曰睿，睿作圣」，故「圣谓二」。二刚中，养蒙者也，二与五应，以二养五，五变得正，是「养正」也。养正则蒙亡矣，故为「圣功」。《洪范》又曰「休征曰圣，时风若。咎征曰蒙，恒风若」，是「蒙」与「圣」反，反「蒙」则为「圣」矣，故曰「蒙以养正，圣功也」。

干注：《礼记·文王世子》：「武王九十三而崩。」《家语》：「武王崩，成王年十有三而嗣。」此云「八年」，又郑康成以为十年，皆不审所出。言「天所以后成王之年」者，将以养天下公正之道，而成周家三圣之功也。「三圣」

谓文王武王周公也。

需卦

【原典】

需，须①也。险在前也②，刚健而不陷③，其义不困穷也，「需，有孚，光亨，贞吉」，位乎天位④，以正中也⑤。

「利涉大川」，往有功也。

【精注】

①须：等待。②险在前也：需卦上卦为坎，坎为险，所以说「险在前也」。③陷：陷于危险之中。④位乎天位：指本卦九五爻的位置在卦中的天位。⑤以正中也：指九五爻位正且处于上卦的中位。

【今译】

需，是等待的意思。危险在前，刚健而不陷于危险之中，这是需卦的性质，它拥有无穷的意义。「需，有孚，光亨，贞吉」，是因为九五居于至尊的天位，位正而居中。「利涉大川」，是说有所往就必定会有所收获。

【集解】

《彖》曰：需，须也，险在前也。

何妥曰：此明得名由于坎也坎为险也。有险在前，不可忘涉，故须待时，然后动也。

疏 卦名为需，由坎得名也。《释诂》：「獊，待也。」需之为言待也，故曰「需，须也」。《杂卦》曰「需，不进也」，虞彼注云「险在前也，故不进」，即须义也。习坎重险，故「坎为险也」。卦以外为前，故曰「险在前也」。有险在前，故「不可妄涉」。需者，须也，故须待时而动。又京房《易传》曰「需，云上于天，凝于阴而待于阳，故曰需者待也」。三阳务上而隔于六四，陆彼注云「外卦坎水为险，亦阴称血也」，义亦可从。

刚健而不陷，其义不困穷矣。

侯果曰：乾体刚健，遇险能通，险不能险，义不穷也。

疏 《乾·文言》曰「大哉乾乎，刚健中正」，故云「乾体刚健」也。《说卦》曰：「坎，陷也。」《系辞下》曰：「乾，天下之至健也，德行恒易以和险。」需时而升，所以「遇险能通」。险不能陷，其义自不困穷也。「不能险」

之『险』，当作『陷』。

需，有孚，光亨，贞吉。位乎天位，以正中也。

蜀才曰：此本『大壮』卦也。案六五降四，『有孚，光亨，贞吉』。九四升五，『位乎天位，以正中也。』

疏 需自大壮来，故云『此本大壮卦也』。大壮六五降四，体坎『有孚』，互离为『光』，所以『有孚，光亨，贞吉』。九四升五，五为『天位』。『位乎天位』，既正且中，宜其『光亨，贞吉』

利涉大川，往有功也。

虞翻曰：谓二失位，变而涉坎，坎为『大川』。得位应五，故『利涉大川』。『五多功』，故『往有功也』。

疏 二以阳居阴为『失位』，变而之正，互坎应坎为『涉』『五多功』，下《系》文，之外称『往』，二往应五，故曰『往有功也』。

讼卦

【原典】

讼，上刚下险，险而健，讼①。『讼，有孚，窒惕，中吉』，刚来而得中也②。『终凶』，讼不可成也③。『利见大人』，尚中正也④。『不利涉大川』，入于渊也⑤。

【精注】

①上刚下险，险而健：讼卦下坎上乾，刚、健，指上卦乾，乾德刚健；险，指下卦坎，坎为险。②刚来而得中：九二爻阳刚而居中位。③讼不可成：指上九爻『争讼』穷极，难成其事。④尚中正也：指九五爻中正决讼而被崇尚。⑤入于渊：指上下卦乾刚乘坎险，将有陷入深渊之危。

【今译】

讼卦象征争讼，阳刚居上，险陷居下，虽然面临危险而仍然健行不息，因而诉讼纷起。『心怀诚信，追悔警惧，持守中和之道而不偏不倚可获吉祥』，说明九二爻阳刚前来处险而保持适中。『始终强争不息则有凶险』，说明争讼穷极难成其事。『有利于大德大才之人出世』，是因为九五爻中正决讼而被崇尚。『不利于涉越大川巨流』，是因为乾刚乘坎陷将有陷入深渊万劫不复之危。

【集解】

《象》曰：讼，上刚下险。险而健，讼。

虞氏曰：『险而健』者，恒好争讼也。

疏 『上刚』，乾也，『下险』，坎也。内险而外健，好讼之象也。

讼，有孚，窒惕，中吉。刚来而得中也。

蜀才曰：此本遯卦也。

案：二进居三，三降居二，是『刚来而得中也』。

疏 卦自遯三之二。在内曰『来』，二位得中，故曰『刚来而得中也』。

终凶，讼不可成也。

王肃曰：以讼成功者，终必凶也。

王弼曰：凡不和而讼，无施而可，涉难特甚焉。唯有信而见塞惧者，乃可以得吉也。犹复不可以终，中乃吉也。不闭其源，使讼不至，虽每不枉，而讼至终竟，此亦凶矣。故虽复有信而见塞惧，犹不可以为终，故曰『讼，有孚。窒惕，中吉。终凶』也。无善听者，虽有其实，何由得明。而令有信塞惧者，乃得其中吉，必有善听之主焉，其在二乎？以刚而来，正夫群小，断不失中，应其任矣。

案：夫为讼善听之主者，在其五焉。何以明之？案爻辞九五『讼元吉』，王氏注云『处得尊位，为讼之主，用其中正，以断枉直』，即《象》云『利见大人，尚中正也』，是其义也。九二《象》曰：『不克讼，归逋窜也。自下讼上，患至掇也。』九二居讼之时，自救不暇，讼既不克，怀惧逃归，仅得免其终凶祸，岂能为善听之主哉？年代绵流，师资道丧，恐传写字误，以『五』为『二』，后贤当审详之也。

疏 王注：爻终于上，上九曰『或锡之鞶带』，即『以讼成功』也。『终朝三拕之』，即『终必凶也』。

愚案：失位不变，故讼成也。卦唯九五得正，余爻皆不正。初变正则『不永所事』，二变正则『无眚』，三变正则『食旧德』，四变正则『安贞吉』。以四承五，『三与五同功』。二应五，初应四以承五，五为听讼之主。讼不可成，故皆利变之正。上九乘阳，亢而不变，不变则讼成矣，受服终拕，故『终凶』也。

王注：孔疏『无施而可』者，言若性好不和，又与人斗讼，即无处设施而可，言所往之处，皆不可也。『涉难特甚焉』者，言好讼之人，习常施为，已且不可，若更以讼涉难，其不可特甚焉，故云『涉难特甚焉』。『中乃吉』者，谓此讼事以中途而止，乃得吉也。『不闭其源，使讼不至』者，若能谦虚退让，与物不竞，即此是闭塞讼之根源，使讼不至也。今不能如此，是不闭塞讼源，使讼得至也。『虽每不枉，而讼至终竟』者，谓虽每诉讼，陈其道理，不有枉曲，而讼至终竟，此亦凶矣。

愚案：『无善听者』以下，孔不释者，以善听之主非二，故不释也。善听当主九五，故李氏详辩之。

案：五得中得正，刚而能断，故为『善听之主』。二虽得中，而不得正，仅能『无眚』而已，未足为听讼之主也。且以王注九五『讼元吉』证之，『二』为『五』之误无疑。盖余爻皆失位不亲，故争而成讼。唯五刚而得中，故云『以刚而来，正夫群小。断不失中，应其任矣。』

利见大人，尚中正也。

荀爽曰：二与四讼，利见于五。五以中正之道，解其讼也。

疏 『二与四同功』，不正故讼。体离，故『利见大人』。五中且正，善听之主，比四应二，故能解二四之讼也。

不利涉大川，入于渊也。

荀爽曰：阳来居二，坎在下，为『渊』。

疏 遁三阳来居于二成坎，坎水在下为『渊』，互巽为『入』，故曰『入于渊也』。

师卦

【原典】 师，众也。贞，正也。能以众正，可以王矣[1]。刚中而应，行险而顺，以此毒天下而民从之，『吉』又何『咎』矣[2]。

【精注】 ①能以众正：能使众多部属持守正道。可以王矣：可以成就王业，成就一番霸业。②刚中而应：刚中，指九二爻阳刚居中；应，指九二爻上应六五爻，而六五爻为君王。行险而顺：师卦下坎上坤，险，指下卦坎；顺，指上卦坤。毒：造成灾害。

【今译】师卦象征军队，师就是部属众多的意思。贞，是持守正固的意思。部属众多而能使之持守正道，就可以成就一番霸业了。刚健居中处下又上应尊者，象征君王将兵权完全托付给统帅，统帅做难险之事而顺合正理，凭借这些条件驰骋沙场，尽管会给天下造成灾害，但是民众却心甘情愿，这样便会十分吉祥，哪里还会有什么灾祸呢？

【集解】**《彖》曰：师，众也。贞，正也。能以众正，可以王矣。**

虞翻曰：坤为众。谓二失位，变之五，为「比」，故「能以众正」，乃「可以王矣」。

荀爽曰：谓二有中和之德而据群阴，上居五位，可以王也。

疏 虞注：「坤为众」，《说卦》文。卦辞曰「贞丈人」，二中而不正为「失位」，变之五则体比，得中得正。《孟子》曰「征之为言正也」，以师正天下，故曰「能以众正，可以王矣。」荀注：二阴位居中，故「有中和之德」也。故「群阴」者，谓上下五阴也。阳主升，阴主降，二上居五，则中而且正，故曰「可以王矣」。

刚中而应，行险而顺。

蜀才曰：此本剥卦也。案：上九降二，六二升上，是「刚中而应，行险而顺」也

疏 一阳之卦自剥来，故云「此本剥卦也」。剥上九降二，六二升上为师。为居二为「刚中」，上与五为「正应」，故曰「刚中而应」。坎为「险」，震为「行」，坤为「顺」，故曰「行险而顺」也。

以此毒天下而民从之。

干宝曰：坎为「险」，坤为「顺」。兵戈刑狱，所以险民也。毒民于险中，而得顺道者，圣王之所难也。毒，荼苦也。五刑之用，斩刺肌体，六军之锋，残破城邑，皆所荼毒奸凶之人，使服王法者也，故曰「以此毒天下而民从之」。毒以治民，明不获已而用之，故于《彖》、《象》、六爻，皆著戒惧之辞也。

疏 内坎为「险」，外坤为「顺」。大而兵戈，小而刑狱，皆险民之具。毒民于坎险之中，而得坤顺之道，圣王犹难之，况其下焉者乎。《诗·邶风》：「谁谓荼苦。」传云「荼，苦菜也」，《大雅》：「民之贪乱，宁为荼毒。」

注云『苦也』，故云『毒，荼苦也』。《秋官·司刑》『掌五刑之灋，以丽万民之罪：墨罪五百，劓罪五百，宫罪五百，刖罪五百，杀罪五百』，此皆肉刑，故云『五刑之用，斩刺肌体』。《诗·大雅》：『周王于迈，六师及之。』传云『天子六军』，疏云『春秋之时，虽累万之众皆称师』，《诗》之『六师』，谓六军之师，《夏官·大司马》：『九伐之法，放弑其君则残之。』《释名》：『残，践也，践使残坏也。』故云『六军之锋，残破城邑』。《周语》曰『大刑用甲兵，其次用斧钺，中刑用刀锯，其次用钻笮』，故云『皆所以荼毒奸凶之人，使服王法者也』。马氏云『毒，治也』，故云『毒以治民』。《老子·道经》曰『兵者，不祥之器，非君子之器，不得已而用之』，故云『明不获已而用之』也。『故于《彖》、《象》、六爻，皆著戒惧之辞也』者，所以示止戈为武，弗戢自焚之意也。

愚案：《天官·医师》：『聚毒药以供医事。』郑彼注云『毒，五毒也。药，五药也』，《疾医》：『以五味五谷五药养其病。』《疡医》：『以五毒攻之。』圣人之治天下，不外礼乐兵刑，世治则以礼乐养之，世乱则以兵刑攻之。是礼乐即五味五谷之属，兵刑即五毒之属，皆所以治世者也。马君训『毒』为『治』，义实基此。盖除暴所以安良，故曰『以此毒天下而民从之』。《吕氏春秋·论兵》曰『若用药，得良药则活人，得恶药则杀人。义兵之为天下良药也，亦大矣』，即此义也。

吉又何咎矣。

崔憬曰：『「刚」能进义，「中」能正众，既「顺」且「应」，「行险」戡暴。亭毒天下，人皆归往而以为王，「吉又何咎矣」。』

疏 二阳爻，故云『刚能进义』。得位，故云『中能正义』。上应坤五，故云『既顺且应』。内坎，故云『行险戡暴』。外坤，故云『亭毒天下』。老子《道德经》：『亭之毒之。』注『亭以品其形，毒以成其质』。毒，徒笃反，今作『育』。亭毒者，化育之意也。盖以坤有『万物至养』之义，故以『亭毒』言之。《谷梁传·庄公三年》曰『其曰王者，民之所归往也』，故云『人皆归往而为王，吉又何咎矣』。

比卦

【原典】

比，「吉」也；比，辅也，下顺从也①。「原筮，元永贞，无咎」，以刚中也②。「不宁方来」，上下应也③。「后夫凶』，其道穷也④。

【精注】①辅：相互辅助。下顺从也：比卦下坤上坎，下顺从，指在下群阴顺从于九五爻。这是解释卦名。②以刚中也：指九五爻刚健居中。③不宁方来：不安宁的事也会并行而至。宁：安宁的事。上下应也：上，指九五爻；下，指初、二、三、四诸爻。应，应合，感应。④其道穷也：指上六处于卦终而『亲比』之道穷尽，说明为什么『后夫凶』。穷：穷尽。

【今译】比卦象征亲近，亲则吉祥；所谓『比』，就是亲近即相亲相爱，相互扶持、辅助的意思，有如属下都能顺从尊上。『古人当年筮遇此卦，大吉大利，利于占问长久之事，灾祸可免』，是因为圣明的君王刚健而居中。『不安宁的事也会并行而至』，是由于上下五个阴爻都争着与唯一的阳爻九五相应合。『缓缓来迟者必有凶险』，是由于亲近之道至此已经穷尽，无路可走了。

【集解】**《彖》曰：比，吉也；比，辅也，下顺从也。**

崔觐曰：下比于上，是下顺也。

疏 『比，吉也』，人相亲比则吉也。《释诂》：『比，仆俌也。』郭注『俌犹辅』，《左传·僖公五年》『辅车相依』，故曰『比，辅也』。坤为『顺』，坤在下而比于上，是下顺从于上也。《诗·大雅》『王此大邦，克顺克比』，是其义也。

原筮，元永贞，无咎，以刚中也。

蜀才曰：此本师卦也。案六五降二，九二升五，刚往得中，为比之主，故能原究筮道，以求长正而无咎矣。

疏 比五自师来，故云『此本师卦也』。师五降二，二升居五，是刚往于上，而得中且得正，为比之主，所以原筮元永贞而无咎也。『原』作『原究』，又一义也。

不宁方来，上下应也。

虞翻曰：水性流动，故『不宁』，坤阴为方，上下应之，故『方来』也。

疏 坎为水，劳卦也，故『水性流动』。『不宁』者，阴初从阳，当惕厉以待其定也。『坤阴为方』者，《九家·说卦》『坤为方』是也。『上下应之』者，师二升五时，三四在上，初在下，四阴皆应，故『上下应也』。『故方来』者，四方来同是也。

后夫凶。

虞翻曰：『后』谓上，『夫』谓五也。坎为『后』，艮为背，上位在背后，无应乘阳，故『后夫凶』也。

疏 上居终，故『后谓上』。五体阳，故『夫谓五也』。《曲礼》：『前朱雀而后玄武。』玄武者，北方七宿，即《浑天赋》所谓『北宫则灵龟潜匿』是也。坎位正北，故『为后』。五互艮，故『为背』。上居艮背之后，内无正应，下乘五阳，近不相比，故『后夫凶』也。

其道穷也。

荀爽曰：『后夫』谓上六。逆礼乘阳，不比圣王，其义当诛，故其道穷凶也。

疏 『后夫谓上六』者，谓六在五后也。『逆礼乘阳』者，在上逆乘五刚也。『不比圣王』者，不与下四阴顺从于五也。『其义当诛』者，《鲁语》：『仲尼曰「昔禹致群神于会稽之山，防风氏后至，禹杀而戮之。」』《夏官·大司马》『建太常比军众，诛后至者』是也。『故其道穷凶也』者，三为『匪人』，无正应也。

小畜卦

【原典】小畜，柔得位而上下应之①，曰小畜②。健而巽，刚中而志行③，乃亨。『密云不雨』，尚往也④。『自我西郊』，施未行也⑤。

【精注】①柔，阴柔，指六四；得位，地位和德才相称，指六四是阴爻居阴位，而且地位仅低于君王；上下，指本卦上下卦中的全体阳爻。本句是说六四以一阴而扶助五阳，力不从心，只能解决些小问题。②小畜：小有畜积。③健，下卦乾的属性；巽，上卦巽的属性；刚中，指九五阳刚中正；志行，实现抱负。④尚：语气词，表示勉励。⑤施，育养活动；未行，显示不出效果。

【今译】「小畜」，阴柔得其位而上下的阳刚与之相应，因此称为小有畜积。下乾强健而上巽逊顺，九二九五都刚健居中而能实现抱负，因此获得亨通。「聚积着浓密的云层而不降雨」，说明正在进行之中；「云气自我方西郊升起」，是指抱负刚刚开始实施效果未能尽显。

【集解】

《彖》曰：小畜，柔得位而上下应之，曰小畜。

王弼曰：谓六四也。成卦之义，在此一爻者也。体无二阴，以分其应。既得其位，而上下应之，三不能陵，小畜之义。

疏 四为畜主，故「谓六四也」。以一阴畜五阳，故云「成卦之义在此爻也」。大畜体有二阴，以分其应，故不言「上下应之」。小畜体无二阴，则其应专，故云「上下应之」也。阴既得位，而上下皆应，四虽乘刚，而刚亦得位，三自不至陵四，所以能畜也。

健而巽，刚中而志行，乃亨。

虞翻曰：需上变为巽，与豫旁通。豫四之坤初为复，复小阳潜，所畜者少，故曰「小畜」。二失位，五刚中正，二变应之，故「志行乃亨」也。

疏 虞注：无一阳一阴自剥、复、夬、姤之例，故谓「需上变为巽」而成小畜也。与豫旁通而息来仍在复，盖豫初变体复，至二成临，至三成泰，至五成需，由需上变成小畜而伏豫，故小畜取需。豫四阳之坤初，其体为复，「复小而辩于物」，一阳于潜藏于下，所畜者少，故曰「小畜」。二阳居阴为「失位」，五刚居阳为「中正」。二变之正，上应于五，故「志行乃亨也」。九五刚中，四与合志畜乾，至上九而畜道成，故陆绩谓「外巽积阴，能固阳道，成在上九」。《传》曰「刚中而志行乃亨」，谓柔道亨也。

案：「健而巽」者，乾健而阴巽也，言乾健在内而巽畜于外也。「刚中而志行乃亨」者，五为「刚中」。豫坎为「志」，谓四也。又互震为「行」，上与五孚，故为「志行」。乃者，难辞也。言非刚中而志行，则不能亨也。

密云不雨，尚往也。

虞翻曰：密，小也，兑为密。需，坎升天为「云」，坠地称「雨」。上变为阳，坎象半见，故「密云不雨，尚往也」。

疏 小畜、小过皆称「密云」，故「密」称「小」也。虞义艮为慎，兑为密，盖山泽通气，艮阳小称慎，故兑阴小称密也。

需变小畜，需上为坎。上坎为云，故『升天为云』。下坎为雨，故『坠地称雨』也。今上变巽为阳，是『坎象半见』，故『密云不雨』。『尚』与『上』通。需上往而变坎雨为巽风，风以散之，且不果，故曰『密云不雨，上往也』。京房《易传》曰：『小畜之义，在于六四，阴不能固，三连同进。《传》曰：「密云不雨，尚往也」。』陆绩彼注谓：『一阴劣，不能固阳，是以往也。』

自我西郊，施未行也。

虞翻曰：豫坤为『自我』，兑为『西』，乾为『郊』。雨生于西，故『自我西郊』。九二未变，故『施未行』矣。

荀爽曰：体兑位秋，故曰『西郊』也。时当收敛，臣不专赏，故『施未行』，喻文王也。

疏 虞注：伏豫有坤，坤腹为身，故『为自我』。互兑为『西』，内乾为『郊』。二失正变，坎为雨，故雨生于郊。五阳主施，二变应之，则施行，未变则阳不得应，故『施未行也』。

荀注：互体兑，位正秋，故曰『西郊』。《乡饮酒义》：『西方者，秋，秋之为言愁也。』郑注『愁读为揫，剑也』，故云『时当收敛』。《左传》曰『赏以春夏』，秋非赏时，故『不赏』。且五君四臣，臣不僭君，故『不专赏』。文王化洽西岐，而施未行于天下，故以是喻之。

履卦

【原典】

履，柔履刚也。说而应乎乾，是以履虎尾，不咥人，亨①。刚中正，履帝位而不疚，光明也②。

【精注】

①履：行走在。柔，指六三爻；刚，指上乾为刚；说，即悦，指下兑为说。咥，咬。②自『刚中正』至『光明也』，此卦九五阳刚中正之象，谓其尊居『君位』，行为无所疚病，以赞『履』德之光明。疚：愧疚。

【今译】

谨慎行事，犹如阴柔者小心地行走在阳刚者之后，以和悦应合健强，这就像小心行走在虎尾之后，虎不咬人，亨通。又像阳刚者居中守正，登上天子之位，也自然不会感觉愧疚，因为他已经具备了光明的德行。

【集解】

《象》曰：履，柔履刚也。

虞翻曰：坤柔乾刚，谦坤籍乾，故「柔履刚」。

荀爽曰：谓三履二也。二五无应故无元，以乾履兑故有通。六三履二非和正，故云「利贞」也。

疏 虞注：「坤柔」谓旁通谦也，「乾刚」谓本卦履也。籍，蹈也。以坤之柔，蹈乾之刚，故曰「柔履刚也」。荀注：三柔二刚，《兑·彖传》曰「刚中而柔外」，故「谓三履二也」。二刚与五非正应，故不言「元」。以乾履兑，兑说而应，故特言「通」。三柔二刚皆不得正，不正则不和，故云「利贞」也。

说而应乎乾。

虞翻曰：说，兑也。明兑不履乾，故言「应」也。

《九家易》曰：动来为兑而应上，故曰「说而应于乾」也。以喻一国之君，应天子命以临下。承上以巽，据下以说，其正应天，故虎为之「不咥人」也。

疏 虞注：《说卦》曰「说言乎兑」，故云「兑，说也」。「明兑不履乾，故言应也」者，若兑履乾，乾为虎，兑不应虎也。若乾履兑，兑口承乾，正为咥也。明由坤为虎，故兑应乾为「不咥人」也。《九家》注：此据兑三言也。乾体三爻，动来为兑，而应乎上九，兑为说，故曰「说而应乎乾」也。三为三公，又居下卦之上，故「以喻一国之君」。五为天子，互巽为「命」，故「应天子命以临下」。互上为巽，故「承上以巽」。在下为兑，故「据下以说」。三与上为正应，故「其正应天」。体说而得正应，故「虎为之不咥人也。」

是以履虎尾，不咥人，亨。

《九家易》曰：「虎尾」谓三也。三以说道履五之应，上顺于天，故「不咥人亨」也。能巽说之道，顺应于五，故虽践虎，不见咥噬也。太平之代，虎不食人。「亨」谓于五也。

疏 三在兑终，故「虎尾谓三也」。「三以兑和说之道，下履二刚。二，五之应」，故云「履五之应」。三下履二，二上顺五，五为天位，顺天，故「不咥人亨」也。互巽为顺，体兑为说，能以巽说之道，顺应于五，以柔克刚，故「虽践虎而不见咥噬也」。《后汉书·法雄传》：「雄为南郡太守，多虎狼。雄移书属县曰「古者至化之代，猛兽不扰，皆由仁及飞走。」」故云「太平之代，虎不食人」。三乘二应五，上不咥人，故「亨谓于五也」。

刚中正，履帝位而不疚，光明也。

虞翻曰：『刚中正』谓五。谦震为『帝』。五，『帝位』，坎为疾病，乾为大明。五履帝位，坎象不见，故『履帝位而不疚，光明也』。

疏 二刚中而非正，故知『刚中正谓五』也。『谦震为帝』者，帝出乎震也。『五，帝位』者，五为天子，故为『帝位』也。《说卦》曰『坎为心病』，故『坎为疾病』。《乾·象》曰『大明终始』，故『乾为大明』。震行之五为『履帝位』。坎象不见，故『不疚』。体乾，故『光明也』。

案：以阳居五，刚中且正，故为『履帝位』。四体坎，坎为心病，《诗·小雅》：『忧心孔疚。』故言『疚』。三体离，离为日，故言『光明』。坎毁故『不疚』，离成故『光明也』。

泰卦

【原典】

泰，小往大来，吉，亨。则是天地交而万物通也，上下交而其志同也①。内阳而外阴，内健而外顺，内君子而外小人；君子道长，小人道消也②。

【精注】

①自『泰』至『上下交而其志同也』，以天地自然及人类社会的阴阳相交而『通泰』之理，释泰卦的卦名及卦辞。志同：志同道合，齐心协力。②自『内阳而外阴』至『小人道消也』，以泰卦内乾外坤之象，揭示『通泰』之时『君子』昌盛、小人衰亡的道理，以明泰卦之大旨。长：增长。消：消之。

【今译】

通泰，柔小者往外，刚大者来内，吉祥，亨通。这是天地阴阳交合而万物生养之道畅通，君臣思想意识交合而上下同心，齐心协力。此时阳者居内、阴者在外，刚健者居内、柔弱者在外，君子居内、小人在外，于是君子之道增长，小人之道消亡。

【集解】

《象》曰：泰，小往大来，吉，亨。

蜀才曰：此本坤卦。『小』谓阴也，『大』谓阳也。天气下，地气上，阴阳交，万物通，故『吉，亨』。

疏 泰息自坤，故云『此本坤卦』。阴诎故称『小』，阳信故称『大』。泰于消息为天子，正月值日卦，《月令》曰『是月也，天气下降，地气上升』，故云『天气下，地气上』。『天气下』，即『大来』也，『地气上』，即『小往』也。又曰『天地和同，草木萌动』，故云『阴阳交，万物通』。惟交故通，通故吉且亨也。

则是天地交而万物通也。

何妥曰：此明天道泰也。夫泰之为道，本以通生万物，若『天气上升，地气下降』，各自闭塞，不能相交，则万物无由得生，明万物生由天地交也。

疏 白天地言之，则以通生万物为泰，如蜀才注是也，否则如《月令》所云『孟冬之月，天气上升，地气下降，天地不通，闭塞而成冬』，万物奚由而生，故云『明万物生由天地交也』。

案：乾下坤上，乾天坤地，乾二之坤五，坤五降乾二，成坎离，天地以坎离交阴阳，故曰『天地交』。乾升曰『云行』，坤降曰『雨施』。云雨泽物，品汇咸亨，又『乾，阳物。坤，阴物』，坎为通，故曰『万物通』，谓已成既济定时也。

上下交而其志同也。

何妥曰：此明人事泰也。上之与下，犹君之与臣相，君臣相交感，乃可以济养民也。天地以气通，君臣以志同也。

疏 以人事之泰言之，则君上臣下，交相感应，乃可济养万民。阴阳有气，故天地之通以气言；上下有志，故君臣之同以『志』言。

愚案：二升五，五降二，二五相应为『上下交』。已交成既济，坎为『志』，两坎为上下志，又互震伏巽，同声相应，故曰『上下交而其志同也』。

内阳而外阴，内健而外顺。

何妥曰：此明天道也。阴阳之名，就爻为语，健顺之称，指卦为言，顺而阴居外，故曰『小往』，健而阳在内，故曰『大来』。

疏 此又以天道言也。《稽览图》：『六十四卦策术曰「阳爻九，阴爻六」』，轨术「阳爻九七，阴爻八六」』。故云『阴阳之名，就爻为语』。《系辞下》曰『乾，天下之至健。坤，天下之至顺』也，故云『健顺之称，指卦为言』。坤顺而阴诎居外，故曰『小往』；乾健而阳信在内，故曰『人来』。内外当位，天道所以常泰也。

内君子而外小人。

崔憬曰：此明人事也。阳为君子，在内，健于行事，阴为小人，在外顺以听命。

疏 此又以人事言也。君子之性刚强，故『阳为君子』。信在内，则『健于行事』。小人之性柔弱，故『阴为小人』。诎在外，则『顺以听命』。内外得所，人事所以常泰也。

君子道长，小人道消也。

《九家易》曰：谓阳息而升，阴消而降也。阳称息者，长也，起复成巽，万物盛长也。阴言『消』者，起姤终乾，万物成熟。成熟则给用，给用则分散，故阴用特言『消』也。

疏 阳主息，息故升，阴主消，消故降。《月令》郑注『阳生为息』，故息即长也。起于复，终成巽，巽居东南，万物盛长之时也。阴主消，阴之消阳起于姤，终反成乾，乾居西北，万物已成熟之后也。物已成熟，则给用于人，给用于人，则分散矣。阴消自有而无，故『阴用特言消也』。君子，阳也，内之阳日息，故曰『君子道长』。小人，阴也，外之阴日消，故曰『小人道消也』。《杂卦传》曰『夬，决也，刚决柔也。君子道长，小人道消』，义并同也。

否卦

【原典】

否之匪人，不利君子贞，大往小来。则是天地不交而万物不通也，上下不交而天下无邦也①。内阴而外阳，内柔而外刚，内小人而外君子。小人道长，君子道消也②。

【精注】

①自『否之匪人』至『天下无邦也』，以天地自然及人类社会的阴阳不相交而『否塞』之理，释卦辞『否之匪人，不利，君子贞，大往小来』之义。贞：贞洁，守持正固。无邦：不成邦国。②自『内阴而外阳』至『君子道消也』，以外乾内坤之象，揭示『否塞』之时『小人』昌盛、『君子』衰亡的道理，以明否卦之大旨。

【今译】

否塞之世人道不通，不利君子守持正固，此时刚大者往外、柔小者来内，表明天地阴阳不交而万物生养之道不得畅通，君臣思想意识不能交合而天下离异不成邦国。阴者居内、阳者居外，柔弱者居内、刚健者居外，小人居内、君子居外；于是小人之道增长，君子之道消亡。

【集解】

《象》曰：否之匪人，不利君子贞。

崔憬曰：否，不通也。于不通之时，「小人道长」，故云「匪人」。「君子道消」，故「不利君子贞」也。

疏 泰，通也。否与泰反，故云「不通」。于否之时，阴道日长，故称「匪人」。阳道日消，故「不利君子贞」。

大往小来。

蜀才曰：此本乾卦。「大往」，阳往而消。「小来」，阴来而息也。

疏 乾阳消而成否，故云「此本乾卦」。阳称「大」，阳往而消，是「大往」也。阴称「小」，阴来而息，是「小来」也。

则是天地不交而万物不通也。

何妥曰：此明天道否也。

疏 此以天道言也。乾不降，坤不升，故「天地不交」。不成既济，故「万物不通」。《乾凿度》曰「天地不变，不能通气」，郑彼注云「否卦是也」。

上下不交而天下无邦也。

何妥曰：此明人事否也。泰中言「志同」，否中云「无邦」者，言人志不同，必致离散而乱邦国。

崔憬曰：君臣乖阻，取乱之道，故言「无邦」。

疏 何注：此以人事言也。志为气帅，民为邦本。泰交故民志同，而邦本以固。否则上下不交而人志不同，必致民心离散而邦国扰乱，故曰「无邦」。

崔注：「乾为君」在上，坤为臣在下。「上下不交」，则「君臣乖阻」。贤人在下，无辅于上，故为「取乱之道」。乾为人，坤为「邦」。不交则坤虚无人，故曰「无邦」。

内阴而外阳，内柔而外刚。

崔憬曰：『阴柔』谓坤，『阳刚』谓乾也。

疏 阴柔谓坤在内，阳刚谓乾在外。《说卦》曰『立地之道曰柔与刚』，《泰·彖传》曰『内健而外顺』。顺者，顺乎乾。今坤消乾，坤成则乾毁。柔刚属坤，故变健顺言柔刚矣。

内小人而外君子。小人道长，君子道消也。

崔憬曰：『君子在野，小人在位』之义也。

疏 『君子在野，小人在位』，《书·大禹谟》文。『小人』谓三，『君子』谓五。阴消至三，故『小人道长』。至五成剥，故『君子道消也』。

同人卦

【原典】

同人，柔得位得中而应乎乾，曰同人[1]。同人曰，同人于野，亨，利涉大川，乾行也[2]。文明以健，中正而应，君子正也[3]。唯君子为能通天下之志[4]。

【精注】

①自『同人』至『曰同人』：卦中六二爻柔顺得位于中，与九五阴阳相应之象，释卦名『同人』之义。柔得位：柔顺者处得正位。②自『同人』至『乾行也』，以上卦乾健能施行『同人』之道，释卦辞『同人于野，亨，利涉大川』之义。③自『文明以健』至『君子正也』，以下卦离为文明、上卦乾为健，六二与九五中正互应诸象，释卦辞『利君子贞』之义。文明以健：禀性文明而又刚健。应：应和。④『唯君子为能通天下之志』，总结只有『君子』能以正道和同天下人心，阐明卦辞『利君子贞』的含义。志，意志。

【今译】

和同于人，如柔顺者处得正位，守持中道又能应和刚健者，叫和同于人。和同于人强调：和同于人处在同一的原野，可获亨通，利于涉越大河巨流，表明刚健者的同心志在施行。禀性文明而又刚健，行为中正而又互相应和，这正是君子的美德所在。只有君子才能统一天下民众的意志。

【集解】

《彖》曰：同人。

《九家易》曰：谓乾舍于离，同而为日。天日同明，以照于下。君子则之，上下同心，故曰『同人』。

疏 坤二之乾为离，是离舍于乾矣。今乾居离上为同人，是乾舍于离矣。乾虚其中，则同而为日。乾大明，离向明，皆万物所瞻仰也，故云『天日同明以照于下』。君子则其同明之象而上下同心，故曰『同人』。

柔得位得中而应乎乾，曰同人。

蜀才曰：此本夬卦。九二升上，上六降二，则『柔得位得中而应乎乾』。下奉上之象，义同于人，故曰『同人』。

疏 以五阳一阴之例论其升降，故云『此本夬卦。九二升上，上六降二』。二为成卦之主，以六居二，上应九五，故曰『柔得位得中而应乎乾』。《中庸》曰『行同伦，车同轨，书同文』，是以下奉上之义，同于人之象，故曰『同人』也。

同人曰，同人于野，亨，利涉大川，乾行也。

虞翻曰：旁通师卦。巽为『同』，乾为『野』，师震为人。二得中应乾，故曰『同人于野，亨』。此孔子所以明嫌表微。师震为夫，巽为妇，所谓『二人同心』。故不称君臣、父子、兄弟、朋友，而故言『人』耳。乾四上失位，变而体坎，故曰『利涉大川，乾行也』。

侯果曰：九二升上，上为郊野，是『同人于野』。而得通者，由乾爻上行耳，故特曰『乾行也』。

疏 虞注：虞无一阴五阳之例。盖消息师二降初为复，息成同人，故云『旁通师卦』。师互震，同人互巽，震巽『同声相应』，故『巽为同』。乾居戌亥之郊，故『为野』。师震乾元，人秉以生，故『为人』。二得中位，震巽同心，上应乾五，故曰『同人于野，亨』。师震长男为夫，同人巽长女为妇，震巽交乾坤于二，夫妇同心之象。《序卦》曰：『有天地，然后有万物。有万物，然后有男女。有男女，然后有夫妇。』君臣父子，特由此而错之耳，故以『二人同心』为夫妇，不称君臣父子兄弟朋友而言『人』也。乾四上失位，变成既济定，体坎为水，故曰『利涉大川』。坎从乾来，故曰『乾行也』。其曰『明嫌表微』者，名卦止取六二一爻，卦辞乃取『于野』『涉川』，非夫妇相同之义。然同人者，夫妇也。其本义也。至『于野』『涉川』，则取乾通天下之志，体坎而行而推广之。

侯注：卦自夬来，九二升上为同人。上在外卦之外，故为郊野。言『同人于野』所以得亨者，由九二乾爻上升耳，故曰『乾行也』。文明以健，中正而应，君子正也。

何妥曰：离为『文明』，乾为『刚健』。健非尚武，乃以文明。应不以邪，乃以中正，故曰『利君子贞』也。

疏　『坤为文』，离为『明』。离之中画自坤来，故『离为文明』。《乾·文言》曰『刚健中正』，故『乾为刚健』。『健非尚武，乃以文明』者，柔以济刚也。『应不以邪，乃以中正』者，二五得中得正也。五阳得位为『君子』，下有正应，故曰『利君子贞也』。

唯君子为能通天下之志。

虞翻曰：唯，独也。四变成坎，『坎为通』，为『志』，故『能通天下之志』。谓五『以类族辩物』，『圣人作而万物睹』。

崔憬曰：『君子』谓九五。能舍己同人，以『通天下之志』。若九三九四，以其人臣，则不当矣。故爻辞不言『同人』也。

疏　虞注：『唯』训『独』者，专辞也。上四皆不得正，变则成坎。『坎为通』，《说卦》文。坎心为『志』。故曰『能通天下之志』。《象》言『类族辩物』，谓五即乾九五『圣人作而万物睹』之义也。盖通志取乎坎，而『能通天下之志』，则在五也。

崔注：五本乾阳，又为卦主，故『君子谓五』。五『能舍己同人』，故『通天下之志』。三为三公，四为诸侯，皆人臣之位，不足当同人之任，故爻辞皆不言『同人』也。

愚案：明则私不能淆，健则欲不能屈，中正则足以有敬，应则天下皆通。《论语》曰『一日克己复礼，天下归仁焉』，是其义也。

大有卦

【原典】

大有，柔得尊位大中而上下应之①，曰大有。其德刚健而文明，应乎天而时行②，是以元亨。

【精注】

①大有：盛大富有。柔，指六五；大中，指君王的品德和行为准则不偏不倚，即把握宏观平衡；上下，指全部阳爻。

②刚健，指下卦乾的属性；文明，指上卦离的属性；天，天道，客观规律；时行，做事因时制宜，即从实际出发。

【今译】

盛大富有，阴柔得君位，注意宏观平衡，万众归心，上下呼应，这就叫盛大富有。品德刚健而又文明，适应天道而又从实际出发，所以大为亨通。

【集解】

《象》曰：大有，柔得尊位大中而上下应之，曰大有。

王弼曰：处尊以柔，居中以大。体无二阴，以分其应。上下应之，靡所不纳，大有之义也。

疏 『处尊以柔，居中以大』，谓六五也。五止一阴而众阳皆应，故云『无二阴以分其应』。五正应二，上承上，下乘四，三与五同功，唯初在应外，亦比二以应五，故云『上下应之，靡所不纳』。上应则天道助信，下应则人道助顺，故曰大有。

其德刚健而文明，应乎天而时行，是以元亨。

虞翻曰：谓五以日应乾而行于天也。时，谓四时也。大有亨比，初动成震为春，至二兑为秋，至三离为夏，坎为冬，故曰『时行』。以乾亨坤，是以『元亨』。

疏 乾德『刚健』，离德『文明』。五本乾阳天位，动而成离为日，故云『五以日应乾而行于天也』。应天而四时常行者唯日，故『时谓四时也』。『大有亨比』者，『亨』当作通，言旁通于比也。下『亨坤』亦然。别本重『比』字者是也。言大有旁通于比。比初动成震。震，东方卦为春。息至二成兑。『兑，正秋也』。至三互离，南方之卦为夏。体坎，北方之卦为冬，故曰『时行』。乾为『元』，『亨』为通，故云『以乾通坤，是以元亨』。

谦卦

【原典】

谦，亨。天道下济而光明①，地道卑而上行。天道亏盈而益谦，地道变盈而流谦②，鬼神害盈而福谦，人道恶盈而好谦。谦尊而光，卑而不可逾，君子之终也③。

【精注】

①谦：谦虚退让。下济：向下帮助万物成长。济：帮助。②亏盈：使满盈受到亏损。益谦：使谦退得到好处。流谦：使谦退流传。③尊而光：尊显光劳。终：归宿。

【今译】谦退能够获益而驱弊。属于天的规律是向下使万物成长，大地一片光明，属于地的规律是虽然卑下却向上发展，去补天的规律的不足。天的规律是使满盈受到亏损，使谦退得到好处，地的规律是改变满盈现状，使谦退流传，鬼神是损害满盈而降福谦退的，人们是厌恶满盈而爱好谦退的。谦退是尊显光荣的，要说卑下却是难以超越的，是君子的归宿。

【集解】

《象》曰：谦，亨。

《九家易》曰：艮山坤地。山至高，地至卑。以至高下至卑，故曰谦也。谦者，兑世。艮与兑合，故亨。

疏 山高地卑，以高居卑，其象为谦，即郑义也。谦者，兑宫五世卦也。艮为山，兑为泽，艮与兑合，是『山泽通气』也。惟通故亨。

天道下济而光明。

荀爽曰：乾来之坤，故『下济』。阴去为离，阳来成坎。日月之象，故『光明』也。

疏 『天道』谓乾。乾上来之坤三，故为『下济』。阴去阳中为离，阳来阴中成坎。本体坎，亦伏离。离日坎月，故象『光明』也。

地道卑而上行。

侯果曰：此本剥卦。乾之上九来居坤三，是『天道下济而光明』也。坤之六三上升乾位，是『地道卑而上行』者也。

疏 『此本剥卦』者，一阳五阴之例也。乾上来居坤三，以乾照坤，『是天道下济而光明也』。坤三升居乾上，『天尊地卑』，五震为『行』，『是地道卑而上行也』。

天道亏盈而益谦。

虞翻曰：谓乾盈履上，亏之坤三，故『亏盈』。贵处贱位，故『益谦』。

崔憬曰：若『日中则昃，月满则亏』。损有余以补不足，天之道也。

疏 虞注：谦与履旁通，谦息履，非履变谦。此自『亢龙』『盈不可久』，亏之坤三。云『盈履上』者，不可云盈乾上，又不可云盈剥上。因通履，遂假『履上』见义，而云『乾盈履上』也。盈则必亏，亏而下之坤三，故曰『亏盈』。上贵三贱，以贵处贱，故曰『益谦』。

崔注：『日中则昃，月满则亏』，本《丰·彖传》文。天道损有余，故『亏盈』。补不足，故『益谦』。与『日中则昃，月满则亏』，同一消息盈虚之理也。

地道变盈而流谦。

虞翻曰：谦二以坤变乾盈，坎动而润下，『水流湿』，故『流谦』也。

崔憬曰：『高岸为谷，深谷为陵』，是为『变盈而流谦』，地之道也。

疏 虞注：『二』当作『三』。坤三变乾而乾自上来，故云『以坤变乾盈』。变互坎水，又互震动。《洪范》曰『水曰润下』，故云『坎动而润下』。『水流湿』，《乾·文言》文。润下，故『流』。流湿就下，故『流谦』也。

崔注：『高岸为谷，深谷为陵』，《诗·十月之交》文。岸以高为盈，谷以深为盈。高岸崩陷而为谷，深谷填塞而为陵。此即『变盈而流谦，地之道也』。

鬼神害盈而福谦。

虞翻曰：『鬼』谓四，『神』谓三。坤为鬼害，乾为神福。故『鬼神害盈而福谦』也。

崔憬曰：『朱门之家，鬼阚其室』，『黍稷非馨，明德惟馨』，是其义也。

疏 虞注：谦，兑宫五世卦也。游魂在四，归魂在三。四诎三信，故『鬼谓四』，『神谓三』，皆乾精也。『坤为鬼害，乾为神福』者，盈则诎坤而为鬼，谦则信乾而为神，故『鬼神害盈而福谦也』。

崔注：『朱门之家，鬼阚其室』，本《扬子》，是『鬼害盈』也。『黍稷非馨，明德惟馨』，《书·君陈》文，是『神福谦』也。故曰『是其义也』。

人道恶盈而好谦。

虞翻曰：乾为好，为人。坤为『恶』也，故『人道恶盈』。从上之三，故『好谦』矣。

崔憬曰：『满招损，谦受益』，人之道也。

疏 虞注：贾逵云『好生于阳』，故『乾为好』。人得阳以生，故『为人』。又云『恶生于阴』，故『坤为恶也』。乾盈则就坤，故『人恶盈』。『从上之三』，是乾来而成谦，故曰『好谦』。

崔注：「满招损，谦受益」，《书·大禹谟》文。满则溢，溢则损，故「人道恶盈」。谦则虚，虚则益，故「人道好谦」。

谦尊而光，卑而不可逾。

虞翻曰：「天道远」，故「尊光」。三位贱，故「卑」。坎水就下，险弱难胜，故「不可逾」。

疏　「天道远」，《左传·昭公十八年》文。三自上来，故「尊」。息履离，故「光」。三对上则位贱，故「卑」。「坎为水」，水就下。坎为「险」，尸子曰「夫水弱而难胜」，故云「险弱难胜」。难胜，故「不可逾」。

君子之终也。

孔颖达曰：尊者有谦而更光明盛大，卑者有谦而不逾越，是君子之终也。言君子能终其谦之善，而又获谦之福，故曰「君子有终也」。

疏　尊者能谦，则人仰光明。卑者能谦，则物难逾越。艮始终万物，艮三君子，始终不易，故曰「君子之终也」。使始能谦而终不能谦，不可谓之有终。今能终其谦之善，又获谦之福，故曰「君子有终」。

豫卦

【原典】

豫，刚应而志行①，顺以动，豫。豫，顺以动，故天地如之②。而况「建侯行师」乎③？天地以顺动，故日月不过而四时不忒④。圣人以顺动，则刑罚清而民服。豫之时⑤义大矣哉！

【精注】

①刚应而志行：比喻君主能统领众人，贯彻自己的意志。行：实行。②如：《说文》：「如，随从也。」也是如此。③建侯行师：建国封侯，出兵打仗。④忒：《释文》引郑注云：「忒，差也。」即差错。⑤豫之时：指豫卦所蕴含的顺时而动的哲理。民服：民众服从。

【今译】

豫卦，为一阳爻对应五阴爻，刚得柔相应，且君之意志得以实行。顺着自然而动是豫卦。豫卦顺着自然而动，因此天地的运行也是如此，建国封侯，出兵打仗就更不能例外了。天地有其自身的运行规律，所以太阳和月亮的运行从来就没有出现过失误，而四季交替循环也是一如既往，从来没有出现过差错。圣人能够顺时而动，他能做到刑罚清明，广大的百姓就服从他，豫卦所蕴含的顺时而动的意义大得很啊！

【集解】

《彖》曰：豫，刚应而志行。

侯果曰：四为卦主，五阴应之，刚志大行，故曰『刚应而志行』。

疏 卦唯一阳为刚，故知『四为卦主』。上下皆乐，故云『五阴应之』。阳为『刚』，为『大』，坎为『志』，震为『行』，故云『刚志大行』。九四《象传》曰『由豫，大有得，志大行也』，故曰『刚应而志行』。

顺以动，豫。

崔憬曰：坤下震上，顺以动也。

疏 坤顺，震动。四本复初，动乎顺而成豫，故曰『顺以动，豫』。

豫，顺以动，故天地如之。

虞翻曰：小畜『乾为天』，『坤为地』。『如之』者，谓天地亦动以成四时。『而况建侯行师』，言其皆应而豫也。

疏 旁通小畜。『乾为天』。豫『坤为地』。《说文》曰：『如，随从也。』『如之者，谓天地亦动以成四时』，如下文所云是也。『建侯行师』，群阴皆应而说乐，故云『皆应而豫也』。

而况建侯行师乎？

《九家易》曰：震为『建侯』，坤为『行师』。建侯所以兴利，行师所以除害。利兴害除，民所豫乐也。天地有生杀，万物有始终。王者盛衰，亦有迭更，犹武王承乱而应天地。『建侯行师』，奉辞除害。民得豫说，君得安乐也。

疏 象震以『建侯』，作君作师，所以兴民利也。象坤以『行师』，锄奸诛暴，所以除民害也。利兴害除，民所由豫乐者也。震东方为生，伏兑西方为死，故『天地有生杀』。艮『终万物，始万物』，故『万物有始终』。体艮伏兑，艮兑为损。体震伏巽，震巽为益。『损益盛衰之始』，故『王者盛衰，变有更迭』。武王承殷纣之乱，顺应天地。法震建侯，法坤行师。奉天之辞，以除民害，所以『民得豫说，君得安乐』。《大武》之乐所由作也。《乐记》之称《大武》曰『周道四达，礼乐交通，则夫武之迟久，不亦宜乎』。迟之又久，即『豫顺以动』也。《武成》曰『告于皇天后土』，即『天地如之』也。豫，乐也，而名以《大武》，『建侯行师』之意，寓其中矣。

天地以顺动。

虞翻曰：豫变通小畜。「坤为地」，动初至三成乾，故「天地以顺动」也。

疏 豫与小畜旁通。小畜体巽，豫体震，「震巽特变」，故豫变成小畜也。「坤为地」，谓豫坤也。变从初始，初息至三，下体成乾，「乾为天」，故「天地顺动」也。

故日月不过而四时不忒。

虞翻曰：「过」谓失度。忒，差迭也。谓变初至需，离为「日」，坎为「月」，皆得其正，故「日月不过」。动初时，震为春，至四兑为秋，至五坎为冬，离为夏，四时位正，故「四时不忒」。「通变之谓事」，盖此之类。

疏 《续汉书·律历志》曰「两仪既定，日月始离，初行生分，积分成度」，又曰「察日月俱发度端，日行十九周，月行二百五十四周，复会于端，无失度之事」，故「过谓失度」。《月令》：「孟春，宿离不贷。」郑注云「离读如俪偶之俪，宿俪谓相与宿偶。当审候伺不得过差」，故云「忒，差迭也」。变初至五成需，离为「日」，豫坎为「月」，四爻皆正，是日月皆得其正，故「日月不过」也。初动体震，震为春。至二即兑，云「至四兑为秋」者，二不正，四兑位定，对下「刑罚清」而言也。至五体坎，坎为冬，离为夏。体分四时，爻皆得正，故「四时不忒」也。「通变之谓事」，《系辞上》文。虞彼注云「事谓变通趋时以尽利，天下之民谓之事业也」。不过不忒，皆以时言，故云「盖此之类」。

圣人以顺动，则刑罚清而民服。

虞翻曰：「清」犹明也。动初至四，兑为「刑」。至坎为「罚」。坎兑体正，故「刑罚清」。坤为「民」，乾为「清」，以乾乘坤，故「民服」。

案：「帝出震」，圣人也。坎为法律，刑罚也。坤为众顺而民服也。

疏 虞注：《说文》：「清，朗也。」《释言》：「明，朗也。」清明同训，故云「清犹明也」。「兑正秋」，秋杀于右，故「为刑」。《晋语》：「以蓐收为天之刑人。」亦此义也。坎水平为法，罚者，施法之罪名，故「为罚」。初动至四，体兑为刑。至五，体坎为罚。坎兑刚柔得正，故「刑罚清」。《楚语》曰「命火正黎司地以属民」，故「坤为民」。《乾凿度》：「轻清者上为天。」故「乾为清」。豫下体坤，初息至三成乾，是「以乾乘坤」。坤为民，故「民服」也。

案：「帝出震」，本《说卦》文。《乾凿度》：「孔子曰：『坤变初六曰复，正阳在下为圣人。』」复初，震也。

故云『帝出震，圣人也』。乾动复初，故曰『圣人以顺动』。体坎为法律，故为刑罚。『坤为众』，《说卦》文。又曰『坤，顺也』，故『坤为众顺而民服也』。

豫之时义大矣哉！

虞翻曰：顺动天地，使日月四时，皆不过差，『刑罚清而民服』，故『义大』也。

疏 『法象莫大乎天地』，今『天地顺动』矣。『县象著明莫大乎日月』，今『日月不过』矣。『变通莫大乎四时』，今『四时不忒』矣。『备物致用莫大乎圣人』，今『圣人以顺动，刑罚清而民服』矣。事之大者，皆备于豫之时，故曰『义大』也。

随卦

【原典】随，刚来而下柔，动而说，随。① 大亨，贞，无咎，而天下随时。② 随时之义大矣哉！

【精注】①刚来而下柔：阳刚谦居于阴柔之下。刚来而居于柔下，象征君王能礼下臣民，拥有这样的品德道行，臣民必然追随君王。②天下随时：天下万物适时追随。随时：适时追随。

【今译】随卦象征追随，在卦中表现为阳刚谦居于阴柔之下，如果朝着这个方向发展，万物必然欣然而从，所以称为『追随』。大为『亨通』，『利于占问，灾祸可免』，于是天下万物都适时而追随之。追随必然适时，因为时机的价值实在是不可估量啊！

【集解】**《彖》曰：随，刚来而下柔。动而说，随。**

虞翻曰：否乾上来之坤初，故『刚来而下柔』。动，震；说，兑也。

疏 《杂卦》曰『乾刚坤柔』。随自否来，乾上来之坤初，是『刚来而下柔』。阴之随阳，由刚下之，夫妇之义也。动之以震，说之以兑，故名『随』也。

大亨，贞，无咎。

荀爽曰：随者，震之归魂。震归从巽，故大通。动爻得正，故『利贞』。阳降阴升，嫌于有咎。动而得正，故『无咎』。

疏 随，震宫归魂卦也。震自三变恒，四变升，五变井，四不变大过为游魂，内卦皆巽。至随归魂始复震，故云『震归从巽』。震巽旁通，故云『大通』。初上二爻，动皆得正，故曰『利贞』。阳主升，阴主降。今阳降阴升，宜有咎矣。初上易位，各得阴阳之正，故『无咎』也。

而天下随时。

虞翻曰：乾为『天』，坤为『下』。震春兑秋。三四之正，坎冬离夏。四时位正，时行则行，故『天下随时』矣。

疏 否『乾为天』，坤为『下』，故曰『天下』。随震左为春，兑右为秋。三四变之正，成既济定，则坎北为冬，离南为夏。四时各正，时行则行，故曰『天下随时』。

愚案：王肃本『时』作『之』。古文『时』作『旹』，『之』作『坐』，当脱『日』，误作『之』也。以《彖辞》『向晦入宴息』证之，则『随时』之义为长。

随时之义大矣哉！

蜀才曰：此本否卦。刚自上来居初，柔自初而升上。则内动而外说，是『动而说，随』也。相随而大亨无咎，得于时也。得时则天下随之矣，故曰『随时之义大矣哉』。

疏 卦自否来。乾刚来居于初，坤柔往居于上。内成震而动，外成兑而说，故云『动而说，随』也。以乾通坤成随，故相随而亨。得时，故无咎也。《中庸》曰『君子而时中』，时中之义本大。事事得时，则天下皆随，故曰『随时之义大矣哉』。

蛊卦

【原典】

蛊，刚上而柔下，巽而止，蛊。① 蛊『元亨』，而天下治也。『利涉大川』，往有事也。『先甲三日，后甲三日』，终则有始，天行也。②

【精注】

①刚上而柔下：阳刚居上而阴柔处下。②终则有始：终了之后又会重新开始，周而复始。有，又。天行：宇宙

的运行规律。天，大自然，自然规律。

【今译】蛊卦象征拯弊治乱，在卦象上表现为阳刚居上而阴柔处下，万物顺从，弊乱都能得以妥善处理，所以称『拯弊治乱』。拯弊治乱，『大为亨通』，于是天下就乱而复治。『利于涉越大川巨流』，是说天下混乱，正是社会进步、大有作为的时机。『经过七日的观察思考，就会知道应该怎么去做』，是说混乱终结的时候就会天下太平，这是宇宙运行的规律。

【集解】**《彖》曰：蛊，刚上而柔下。巽而止，蛊。**

虞翻曰：泰初之上，故『刚上』，坤之初故『柔下』。上艮下巽，故『巽而止，蛊』也。

疏 泰乾初之上为『刚上』，坤上之初为『柔下』。『巽为风』，为『入』，艮为『止』。下体巽风入，而上体艮止不动，蛊所由生也，故云『巽而止，蛊也』。

蛊元亨，而天下治也。

荀爽曰：蛊者，巽也。巽归合震，故『元亨』也。蛊者，事也。备物致用，故『天下治也』。

疏 蛊，巽宫归魂卦也。故云『蛊者，巽也』。巽宫三变益，四变无妄，五变噬嗑，四不变颐为游魂，内卦皆震。至蛊归魂，震变为巽，故云『巽归合震』也。震之初阳为『元』，乾始通坤为『亨』，故曰『元亨也』。物坏而后有事，故云『蛊者，事也』。虞《系》注云『取乾之坤谓之备物，以坤之乾谓之致用』。『立成器以为天下利』，故曰『天下治也』。『乾为天』，坤为『下』。阳升阴降，以乾通坤，是『天下治也』。

利涉大川，往有事也。

《九家易》曰：阳往据阴，阴来承阳，故『有事』也。此卦泰，乾天有河，坤地有水。二爻升降，出爻乾坤，『利涉大川』也。阳往求五，阴来求二，未得正位，戎事不息，故『有事』。

疏 初阳往据五阴，上阴来承二阳，阴阳往来，故『有事』也。卦自泰来，有乾有坤。《诗·云汉》郑笺『天河，水气也，精光转运于天』，《埤雅》：『水象在天为汉。』故云『乾天有河』。《孟子》曰『水由地中行』，故云『坤地有水』。

初上二爻，一升一降，出入乾坤之间，故曰『利涉大川也』。『阳往据阴』，是『求五』也。『阴来承阳』，是『求二』也。初上皆不得刚柔正位，三至上体离为甲胄戈兵，故为『戎事』。互震动，故『不息』。世乱当治，故『有事也』。

愚案：二五失位，二动往五互坎，坎为大川，故『利涉大川』。蛊者，事也。二往居五，得中得正，『干蛊用誉』，故『往有事也』。

先甲三日，后甲三日，终则有始，天行也。

虞翻曰：谓初变成乾，乾为『甲』。至二成离，『离为日』。谓乾三爻在前，故『先甲三日』，贲时也。变三至四体离，至五成乾。乾三爻在后，故『后甲三日』，无妄时也。易出震消息，历乾、坤象，乾为『始』，坤为『终』，故『终则有始』。乾为『天』，震为『行』，故『天行也』。

疏 消息之卦，与随旁通，故谓『初变成乾』。乾纳甲，故『为甲』。变至二成离。『离为日』，《说卦》文。山火成贲。内卦为『先』。乾三爻在前，故云『先甲三日，贲时也』。变至四则体离，变至五则成乾，天雷成无妄，外卦为『后』，乾三爻在后，故云『后甲三日，无妄时也』。饬事之道，尽饰而无妄，此因通随见义也。阳初动为复，故云『易出震』。息至乾，入巽为姤，消至坤，故云『消息历乾、坤』。始于乾之一阳，又乾『知始』，故『为始』。终于坤之上阴，又坤『代终』，故『为终』。坤终则乾又始而为复也，故曰『终则有始』。以纳甲言之。乾纳甲，始于震之初阳，是『先甲』而为乾『始』也。『先甲三日』者，震兑乾为三日也。终于坤，之上阴，是『后甲』而为『终』也。『后甲三日』者，巽艮坤为三日也。亦坤终则震生，纳甲与消息，其义一也。泰『乾为天』，互震为『行』，故曰『天行』。明出震为饬蛊之道也。

临卦

【原典】临，刚浸而长，说而顺，刚中而应①。大「亨」以正，天之道也②。「至于八月有凶」，消不久也③。

【精注】①刚，指初九爻和九二爻两爻；浸，渐。说而顺：临卦下兑上坤，说即悦，指下卦兑，兑为悦；顺，指上卦坤，坤为顺。刚中而应：刚中，指九二爻，此爻阳刚居下卦之中位。应，指九二爻上应六五爻。②天之道：自然规律。③消不久：好景不长。

【今译】临卦象征临察，在卦象上表现为阳刚之气正日渐增长，阴气逐渐衰弱，下临万物和悦而温顺，刚健居中且与尊上相互应和。最为『亨通』而且行为正当，是因为这正符合自然规律。而『到了八月将有凶险』，则是由于阳气不会一直处于优势，此时已经走向末路，预示好景不长了。

【集解】

《彖》曰：临，刚浸而长。

虞翻曰：『刚』谓二也。兑为水泽。自下浸上，故『浸而长』也。

疏 阳息至二，故『刚谓二』。『兑为泽』，坎水半见，故为『水泽』。泽有『浸』象，刚自下而上，故曰『浸而长也』。

说而顺，刚中而应。大亨以正，天之道也。

虞翻曰：说，兑也。顺，坤。『刚中』谓二也。四阴皆应之，故曰『而应』。『大亨以正』，谓三动成乾天，得正为泰，天地交通，故『亨以正，天之道也』。

疏 《说卦》曰『坤，顺也』，『兑，说也』，故云兑说坤顺。二以刚居中，故『刚中谓二』。二承四阴，五应则同类皆应，故曰『而应』。三动则成乾天，阳得正位，其体为泰，『天地交而万物通』。通故『亨』，得位故『正』，皆变乾成天为之也，故曰『大亨以正，天之道也』。

至于八月有凶，消不久也。

蜀才曰：此本坤卦。刚长而柔消，故大亨利正也。

案：临，十二月卦也。自建丑之月至建申之月，凡在八月则成否也。否则『天地不交，万物不通』，是『至于八月有凶』，斯之谓也。

疏 阳息坤初，至二成临，故云『此本坤卦』。乾阳长而坤阴消，进则成泰，终则成乾，故『大亨利正也』。临，丑月卦也。否，申月卦也。自十二月至七月，凡八月则成否也。『天地不交，万物不通』，《否·彖传》文。否塞之时，『君子以俭德避难』，故以『至于八月有凶』当之也。

愚案：至于八月遁时，阳刚渐消，其凶甚矣。然『天地盈虚，与时消息』，则消亦不久，遁渐成临，故临言『凶』，

遁言『亨』也，

观卦

【原典】大观在上，顺而巽，中正以观天下①。观，盥而不荐，有孚颙若，下观而化也②。观天之神道，而四时不忒③，圣人以神道设教，而天下服矣④。

【精注】①大观：宏大庄严的气象。中正：指九五阳刚居中得正。以观天下：让天下人观仰。②下观而化：此句释卦辞『观，盥而不荐，有孚颙若』，说明『观仰』的目的是为了使天下顺从美好的教化。③忒：差错。④神道：大自然的运行规律。

【今译】宏大庄严的气象总是呈现在上方崇高之处，譬如具有温顺和巽的美德，又体现出中和正直的品质，就足以让天下人观仰。卦辞说『当你观仰了祭祀礼仪中刚开始时倾酒灌地的降神仪式，就可以对随后的众多献飨礼的细节心领神会，因为此时心中已经充满了诚敬肃穆的情感』，是说居处下位者通过观仰崇高伟大的气象能够被感化。观仰大自然运行的规律，领略其中的奥妙，就能领会四季交相更替而毫无差错；圣人效法大自然运行的神妙规律而教育万民，天下万民便纷纷信从顺服。

【集解】**《象》曰：大观在上。**

蜀才曰：此本乾卦。

案：柔小浸长，刚大在上，其德可观，故曰『大观在上』也。

疏 乾消成观，故云『此本乾卦』。阴柔为『小』，浸长至四，阳刚为『大』，尊而在上。乾为『德』，故称『德』。有德则可观，故曰『大观在上也』。

顺而巽，中正以观天下。

虞翻曰：谓阳息临二，『直方大』，『临者，大也』，在观上，故称『大观』。顺，坤也。『中正』谓五。五以天神道观示天下，咸服其化，宾于王庭。

疏 由临息泰，反否退观，故谓「息临二」。「直方大」，坤二爻辞。观二，即坤二也。「临者，大也」，《序卦》文。二阳在下为临，今「在观上，故称大观」。《说卦》：「坤，顺也。」故知「顺」为「坤」。五为「中」，九为「正」，故知「中正称五」。五乾为天，阳为「神」，故云「以天神道观示天下」。《中庸》曰「不赏而民劝，不怒而民威于铁钺」，是天下「咸服其化」。六四「宾王」，是「宾于王庭」也。

观，盥而不荐，有孚颙若，下观而化也。

虞翻曰：观反临也。以五阳观示坤民，故称「观」。盥，沃盥。荐，羞牲也。孚信谓五。颙颙，君德有威容貌。若，顺也。坎为水，坤为器，艮手临坤，坎水沃之，「盥」之象也，故「观，盥而不荐」。孔子曰「禘自既灌，吾不欲观之矣」。「巽为进退」。容止可观，进退可度，则下观其德而顺其化。上之三，五在坎中，故「有孚颙若，下观而化」。《诗》曰「颙颙卬卬，如珪如璋」，君德之义也。

疏 否、泰反类为反，即旁通也。此云「观反临」，自下反上，又一义也。五阳为君，下坤为民。「以五阳观示坤民，故称观」。《郁人》：「掌祼事，凡祼事沃盥。」故云「盥，沃盥」。《郊特牲》：「既灌然后迎牲。」迎而后献荐，是荐在灌后，故云「荐，羞牲也」。阳实为「孚」，故孚训信而谓五也。《释训》「颙颙卬卬，君之德也。」故云「君德有威容貌」。「若，顺也」，《释诂》文。观内坤道五正位，上之三成坎「为水」。坤「形而下」故「为器」。以艮手临坤器，又有坎水沃之，故为「盥」之象也。坤牛为牲，上之三坤象不见，故曰「观，盥而不荐」。引《论语》文者，以明灌礼盛，荐礼简，观盥而不观荐之意也。「巽为进退」，《说卦》文。「容止可观，进退可度」，《孝经》文。《说文》引《易》曰「地可观者莫可观于木」。《汉书·五行志》曰：「说曰「木，东也。于《易》地上之木为观。其于王事，威仪容貌，亦可观者也。」」九五有人君之德，实貌相应。其下畏而爱之，则而象之，故「下观其德而顺其化」也。上之三则五在坎中，坎为「孚」，故「有孚颙若，下观而化也」。「颙颙卬卬，如珪如璋」，《诗·卷阿》文。璋，君祼玉。君祼以珪瓒，亚祼以璋瓒。颙颙，湿貌。卬卬，盛貌。祼之仪也。郁人诏之，故引之以明君德之义。

观天之神道，而四时不忒。

虞翻曰：忒，差也。「神道」谓五。临震兑为春秋。三上易位，坎冬离夏。日月象正，故「四时不忒」。

疏 『忒，差也』，释见《豫·象传》。乾为『道』，阳之信者为『神』，故『神道谓五』。春秋，阴阳之著。故临震春兑秋见于先。冬夏者，阴阳之微。观五得正，三上易位，坎冬离夏见于后。三之上坎月离日，爻皆得正，故『日月象正』。日月正则四时成，故曰『四时不忒』。

圣人以神道设教，而天下服矣。

虞翻曰：『圣人』谓乾。『退藏于密』，而『齐于巽』，以神明其德教，故圣人设教，坤民顺从『而天下服矣』。

疏 《乾凿度》曰『乾九五为圣人』，故『圣人谓乾』。『退藏于密』，《系辞上》文。齐于巽，本《说卦》文。内卦坤，坤为『阖户』。又互艮『为山』，《释山》曰『山如堂者密』。内坤户而互艮山，又『坤以藏之』，故云『退藏于密』。巽为『絜齐』。齐者，齐戒之义。圣人以齐戒，以神明其德，故云『齐于巽』。临『教思无穷』，反观『神道』，故云『神明其德教』。坤为民、为顺，故『圣人设教，则坤。民顺从』。五乾『为天』，坤为『下』，故『天下服矣』。

案：『神道设教』承『盥』『荐』言之，谓祭祀也。《地官·大司徒》：『以祀礼教敬则民不苟』是也。《祭义》曰『气也者，神之盛也。魄也者，鬼之盛也。合鬼与神，教之至也。因物之精，制为之极。明命鬼神，以为黔首则百众以畏，万民以服』，郑注云『合鬼神而祭之，圣人之教致之』，是其义也。

噬嗑卦

【原典】

颐①中有物曰噬嗑。噬嗑而亨，刚柔分②。动而明③，雷电合而章④，柔得中⑤而上行，虽不当位⑥，『利用狱』⑦也。

【精注】

①颐：腮、下颌。②刚柔分：是指卦中阳爻和阴爻分开了。③动而明：指本卦下卦为震为动，上卦为离为火为明。④雷电合而章：雷，震为雷。电，指卦中的下卦离。章，同彰，彰显，彰明。⑤柔得中：指六二阴爻居于下卦的中位。⑥当位：正当之位。⑦利用狱：本卦的阴爻都被夹在阳爻之间，有被幽闭之象，所以说『利用狱』。

【今译】

腮中有物称为噬嗑。噬嗑而亨通，是因为阴柔与阳刚分开了，君子与小人区分开来。噬嗑卦的性质是动而明。雷电交合而彰明，柔阴处于下卦的中位而向上运行，虽然六五没有居于正当之位，但仍然『利用狱』。

【集解】《象》曰：**颐中有物曰噬嗑**。

虞翻曰：『物』谓四，则所噬干胏也。颐中无物，则口不噬，故先举『颐中有物曰噬嗑』也。

疏 九四不正，间于颐中，故『物谓四』。『所噬干胏』者，取九四爻辞也。颐中无物则口无所噬，故先举『颐中有物』，啮而合之，以明噬嗑。《彖辞》未有以卦象者，故特释其义也。

噬嗑而亨。

崔憬曰：物在颐中，隔其上下，因啮而合，乃得其『亨』焉。以喻人于上下之间，有乱群者，当用刑去之，故言『利用狱』。

疏 四在颐中，隔其上下，不通之象也。啮而合之，乃得其通，故『亨』也。人于上下之间，有不正而乱群者，则当用刑以去之。去之则『亨』，故『利用狱』也。

刚柔分，动而明，雷电合而章。

卢氏曰：此本否卦。干之九五，分降坤初，坤之初六分升乾五，是『刚柔分』也。分则雷动于下，电照于上，合成天威，故曰雷电合而成章也。

疏 卦自否来。否乾刚坤柔。九五下降，是分乾之刚以降坤初。初六上升，是分坤之柔以升乾五。故曰『刚柔分也』。分则下震为『雷』为『动』，上离为『电』为『明』，雷动电照，合成天威，且『嗑者，合也』，故曰『雷电合而章』也。

柔得中而上行。虽不当位，利用狱也。

侯果曰：坤之初六，上升乾五，是『柔得中而上行』。虽则失位，文明以中，断制枉直，不失情理，故『利用狱』。

疏 初六柔也，上升于五为『中』，是『柔得中而上行』也。六虽失位，然在坤为文，之离为明，居五得中，以此断制枉直，自不失情理之正，又有上之三以成丰『折狱』，故『利用狱也』。

贲卦

【原典】贲，亨。柔来而文刚，故亨①。分刚上而文柔，故小利有攸往②。天文也③。文明以止，人文也。观乎天文，以察时变观乎人文，以化成天下④。

【精注】①自『贲』至『故亨』，六二柔爻居下卦之中以文饰九三刚爻之象，谓阴阳交贲故获亨通，以释卦辞『贲，亨』之义。柔来而文刚：阴柔前来文饰阳刚。文：文饰。②『分刚上而文柔，故小利有攸往』，上九爻阳刚高居卦终而文饰六五爻柔之象，谓六五爻文饰而有利，以释卦辞『小利有攸往』之义。③天文：天的文采。④化成天下：教化促成天下昌明。

【今译】文饰，亨通，阴柔前来文饰阳刚，阴阳可以相互文饰于是亨通。又分出阳刚居上文饰阴柔，所以柔者利于有所前往。阳刚美与阴柔美完美结合，这是天的文采（天文）；文章明理而止于礼仪，形成人类的文采（人文）；仰观天的文采，可通晓四时变化规律；观察人类的文采，可推行教化促成天下的昌明。

【集解】**《彖》曰：贲，亨。柔来而文刚，故亨。分刚上而文柔，故小利有攸往。**

荀爽曰：此本泰卦。谓阴从上来，居乾之中，文饰刚道，交于中和，故『亨』也。分乾之二，居坤之上。上饰柔道，兼据二阴，故『小利有攸往』矣。

疏　卦自泰来，故云『此本泰卦』。『阴从上来，居乾之中』，是以上六之柔，来文九二之刚。文虽柔而质刚，又得中得正，『交于中和，故亨也』。『分乾之二，居坤之上』，是以九二之刚，上文上六之柔。文虽刚而质柔，又非中正，宜无利。然兼据五四二阴，阴为『小』，故『小利有攸往矣』。

天文也。

虞翻曰：谓五利变之正，成巽体离，艮为星，离日坎月，巽为高，五天位，离为『文明』，日月星辰高丽于上，故称天之文也。

疏　五失位，故『利变之正』。兼有巽离，故『成巽体离』。艮成终始，主四时。斗建四时，故艮主斗。斗，星也，故『艮为星』。又《左传·僖公十六年》：『陨石于宋五，陨星也。』艮为石，故『为星』。互离坎，故『离日坎月』。『巽为高』，《说卦》文。五位天德，故为『天位』。下经云『文明以止』，故『离为文明』。《中庸》曰『日月星辰系焉』，故云『日月星辰高丽于天』。『在天成象』，故称『天之文也』。

文明以止，人文也。

虞翻曰：『人』谓三，乾为『人』。文明，离。止，艮也。震动离明。五变据四，二五分则止文三。故以三为『人文也』。

疏 三于三才为人道，为人位，故『人谓三』。泰有乾人，得阳以生，故『乾为人』。『坤为文』，离日为『明』。离之中爻，坤二也。故『文明』谓『离』也。『艮，止也』，故『止』谓『艮』也。互体震为『动』，故『震动离明』。五既变阳，据四成离。上下两离，交集于三。三应上艮止，二五分三之文，则皆止于三，故『以三为人文也』。

愚案：《尧典》：『钦明文思安安。』即『文明以止』之义也。

观乎天文，以察时变。

虞翻曰：日月星辰为『天文』也。泰震春兑秋，贲坎冬离夏。巽为进退，日月星辰进退盈缩，谓朓侧朒也。历象在天成变，故『以察时变』矣。

疏 离为目，故为『观』。『日月星辰为天文』，释已见前。时，四时也。泰互震兑，震左为春，兑右为秋。贲离互坎，坎北为冬，离南为夏。五变巽，故『为进退』。『日月星辰进退盈缩』者，《汉书·天文志》：『阳用事则进，阴用事则退，蚤出为盈，晚出为缩也』。『谓朓侧朒也』者，《说文》曰『晦而月见西方谓之朓，朔而月见东方谓之缩朒』，《尚书大传》：『谓之侧匿。』『侧』即『朒』也。朏，《召诰传》：『月三日明生之名也。』日月星辰有迟有疾，所谓『时变』也。历，数也。象，法也。《考工记》曰『天时变』，故『历象在天成变』，所以『察时变』也。

观乎人文，以化成天下。

虞翻曰：泰乾为『人』。五上动体既济。贲离象『重明丽正』，故『以化成天下』也。

干宝曰：四时之变，县乎日月。圣人之化，成乎文章。观日月而要其会通，观文明而化成天下。

疏 虞注：泰内乾，故『泰乾为人』。五上皆不正，动则成既济。贲三有两离象。《离·彖传》曰『重明以丽乎正，乃化成天下』。三互两离为『重明』，体既济为『丽正』。坤上来化乾二，『坤化成物』。『乾为天』，坤为『下』，故『观乎人文，以化成天下』。

干注：《系辞下》曰『日月相推则明生，寒暑相推则岁成』，故云『四时之变，县乎日月』。《论语》曰『巍巍乎其有成功也，焕乎其有文章』，故云『圣人之化，成乎文章』。『观日月而要其会通』，即《尧典》所谓：『期三百有六旬有六日，以闰月定四时成岁』是也。『观人文而化成天下』，即《尧典》所谓『钦明文思，光被四表，格于上下』是也。

剥卦

【原典】

剥，剥也，柔变刚也①。不利有攸往，小人长也②。顺而止之，观象也；君子尚消息盈虚，天行也③。

【精注】

①『剥，剥也，柔变刚也』，五阴爻来剥蚀并改变阳刚孤释卦名。剥：剥落。②『不利有攸往，小人长也』，五阴众多而有小人盛长之象，释卦辞『不利有攸往』之义。小人长也：小人正得势。③自『顺而止之』至『天行也』，下坤为顺，上艮为止之象及天道盛衰规律，说阴剥阳之势不长久，君子可顺势止剥之道。天行：自然规律。

【今译】

剥，意为剥落，譬如阴柔者侵蚀阳刚的本体使其有转向阴柔的趋势，不利于有所前往，说明小人目前正在得势。此时应当顺势而对小人的行动加以劝阻和制止，这从卦象中可以观知。君子崇尚生死存亡，盈盛亏虚的转化哲理，这是大自然运行的规律啊！

【集解】

《彖》曰：剥，剥也。

卢氏曰：此本乾卦。群阴剥阳，故名为『剥』也。

疏　此本乾，消卦也。群阴剥阳，自初至五，阴盛至极，一阳将尽，故名为『剥』。

柔变刚也。

荀爽曰：谓阴外变五。五者至尊，为阴所变，故曰『剥』也。

疏　阴消外卦，变五『为剥』，故云『阴外变五』。五为天子，故为『至尊』。《丧服传》曰『君至尊』是也。五为阴所变。《乾凿度》曰『剥之六五，言盛杀。万物皆剥，堕落』，故云『剥也』。《杂卦传》曰『剥，烂也』，虞彼注云『阳得阴孰，故烂』，即『柔变刚』之义也。

不利有攸往，小人长也。

郑玄曰：阴气侵阳，上至于五，万物零落，故谓之剥也。五阴一阳，小人极盛，君子不可有所之，故『不利有攸往』也。

疏 阴气消阳，至五成剥。九月之时。『万物零落，故谓之剥』。五阴一阳，是阴气极盛之时。君子不可有所之，故『不利有攸往』。所以然者，以『小人长也』。阴消成剥，由否而极，故与否同辞。彼因君子，故类言『道』。此止小人，故仅言『长』也。

顺而止之，观象也。

虞翻曰：坤顺艮止。谓五消观成剥，故『观象也』。

疏 坤，顺也，艮，止也，故曰『顺而止之』。阴消观五成剥，剥虽消五，上阳犹存，犹有观示群阴之象，故曰『观象也』。

君子尚消息盈虚，天行也。

虞翻曰：乾为『君子』，乾息为『盈』，坤消为『虚』，故『君子尚消息盈虚，天行也』。则『出入无疾，反复其道』。《易》亏巽消艮，出震息兑，盈乾虚坤，故于是见之耳。

疏 『乾为君子』者，谓乾阳也。阳息阴消，消息者，乾坤也。先儒据《易》曰『伏羲作十言之教，曰乾坤震巽坎离艮兑消息』。《易纬》曰『圣人因消息起阴阳，立乾坤以统天地』。是消息与八卦并兴。《史记·历书》谓『皇帝起消息』，义或然也。消息十二卦，成于乾、坤十二画，复、临、泰、大壮、夬、乾，皆自乾息而成也，故云『乾息为盈』，姤、遁、否、观、剥、坤，皆自坤消而成也，故云『坤消为虚』。阴生于阳，消息皆乾道而实始于震。乾为天，震为『行』，故曰『君子尚消息盈虚，天行也』。震初体复，出入乾坤而十二卦以成，故引《复·象传》『出入无疾，反复其道』以明之。义详虞氏彼注。『《易》亏巽』者，姤也。『消艮』者，剥也。『出震』者，复也。『息兑』者，夬也。乾盈于甲，故称『乾盈』。阳实阴虚，故称『坤虚』。『日月为易』。剥、复，《易》之大关，故于是言之耳。

复卦

【原典】

复，亨，刚反①动而以顺行，是以出入无疾，朋来无咎②。反复其道，七日来复，天行也③。利有攸往，刚长也④。

复其见天地之心乎⑤？

【精注】

①"复，亨，刚反。"卦下一阳回复上升之象，谓阳刚返回上复心可亨通，以释卦名及卦辞"复，亨"之义。复：回复。②自"动而以顺行"至"朋来无咎"，下卦震为动、上坤为顺之象，说明阳动而顺利无阻，群阴必喜而引阳为朋，以释卦辞"出入无疾，朋来无咎"之义。咎：祸患。③自"反复其道"至"天行也"，举大自然运行剥尽复来为说，以释卦辞"反复其道，七天来复"之义。反复其道：返转回复着一定的规律。④"利有攸往，刚长也"，卦中阳刚之势日益盛长之象，释卦辞"利有攸往"之义。⑤"复其见天地之心乎。"谓"复阳"为天地"生物"之心，叹此卦大义。见：通现，体现。

【今译】

回复，亨通，说明阳刚更苏返回，阳动上复而能畅通，阳气内生外长而疾患不生，刚健友朋前来祸患不至。返转回复沿着一定的规律，七天一个轮回，这是大自然的自然运行法则。此时利于有所前往，说阳刚顺畅上长。复回的规律，大概体现着天地生育万物的用心吧？

【集解】

《彖》曰：复，亨。

虞翻曰：阳息坤，与姤旁通。刚反交初，故亨。

疏 复自坤来，坤牝阳，故云"阳息坤"。巽伏震下，故"与姤旁通"。剥上之刚，反交于坤初，乾坤气通，故亨。

刚反动而以顺行。

虞翻曰：刚从艮入坤，从反震，故曰"反动"也。坤顺震行，故"而以顺行"。阳不从上来反初，故不言刚自外来。是以明"不远之复"，入坤出震义也。

疏 "刚"谓剥上九也。上九体艮，消艮入坤灭，出复震，故"从反震"。艮，震之反也。震，动也，故曰"反动"。坤为"顺"，震为"行"，故曰"而以顺行"。《彖传》多言适变，如否、泰往来，都在本卦，故言"来往"。此卦阳从剥来，出入纯坤，然后成复。故云"阳不从上来反初，故不言刚自外来"。从外来，艮在上爻则远。从坤出，震在初爻则不远。故云"明不远之复，入坤出震之义也"。此不从适变例，而以消息言也。

是以出入无疾，朋来无咎。

侯果曰：阳，上出，君子道长也。阴下入，小人道消也。动而以行，故『出入无疾，朋来无咎』矣。

疏 阳在初，有上出之势，故『君子道长也』。阳上出则阴下入，故『小人道消也』。震动而以顺行，故『出入无疾，朋来无咎矣』。

愚案：此解未应经义。出入谓入坤出震也，非阳出阴入之谓。

反复其道，七日来复，天行也。

虞翻曰：谓乾成坤，反出于震而来复，阳为『道』，故『复其道』。刚为昼日，消乾六爻为六日。刚采反初，故『七日来复，天行也』。

侯果曰：五月天行至午，阳复而阴升也。十一月天行至子，阴复而阳升也。天地运往，阴阳升复，凡历七月，故曰『七日来复』，此天之运行也。《豳·诗》曰『一之日觱发，二之日栗烈』。『一之日』，周之正月也，『二之日』，周之二月也，则古人呼月为日，明矣。

疏 虞注：剥消乾成坤，故『谓乾成坤』。灭藏于坤，从下反出，体震成复，故云『反出于震而来复』。乾元为道，故『阳为道』。阳初出复，故『复其道』。《系辞上》曰『刚柔者，昼夜之道也』，故『刚为昼』。虞君《易》例，日数并以爻数解之。剥消乾成坤，故云『消乾六爻为六日』。刚从剥来反于坤初，故云『刚来反初』。以乾六爻至复初凡七爻，故曰『七日来复』。入坤出震，皆乾之一阳，乾为『天』，震为『行』，故曰『天行也』。

侯注：『五月天行至午』为姤，姤五阳而一阴，故云『阳复而阴升也』。『十一月天行至子』为复，复五阴而一阳，故云『阴复而阳升也』。天地运往，阴阳升复，循环不已，阳生于子消于午，天之大数也，故『凡历七月』。月亦称日，故曰『七日来复』。消息十一卦皆有阳爻，坤无阳而乾伏其下，故云『此天之运行也』。阴称月，阳称日。《诗·豳风·七月》曰『一之日觱发，二之日栗烈』，又曰『三之日于耜，四之日举趾』，毛传云『一之日，周正月也。二之日，殷正月也。三之日，夏正月也。四之日，周四月也』。此皆阳息之月，故谓之『日』，此古人呼月为日之义也。

利有攸往，刚长也。

荀爽曰：利往居五，刚道浸长也。

疏 『利往居五』，谓阳息至五。得位得中，君子道长，故云『刚道浸长也』。

复其见天地之心乎？

虞翻曰：坤为『复』。谓三复位时，离为『见』，坎为『心』。阳息临成泰，乾天坤地，故『见天地之心』也。

荀爽曰：复者，冬至之卦，阳起初九，为『天地心』，万物所始，吉凶之先，故曰『见天地之心』矣。

疏 虞注：乾、坤易为否、泰，交为坎、离，成两既、未济，而实自剥、复始，故二卦实乾坤之枢纽也。乾交坤始，复阳位为复，故云『坤为复』。将成既济，则三复阳位，体离互坎。『相见乎离』，故『离为见』。『坎为亟心』，故『为心』。阳息临二，至三体泰，『乾为天』，『坤为地』，合以离见坎心，故『见天地之心』也。

荀注：复于消息，在十一月子。《稽览图》：『冬至日在坎。』坎为『心』。《乾·彖传》曰『大哉乾元』，『至哉乾元』，『乾元』即『坤元』，『天心』即『地心』也。冬至之时，阴气已极，一阳复生，天心动于地中，故云『阳起初九，为天地心』。『天地之心』即天地之元，『万物资始』于乾元，故云『万物所始』。震为『动』，『几者动之微，吉之先见者也』，故云『吉凶之先』。盖在乾、坤则为元，在天地则为心。而其端倪，实于复之初阳见之，故曰『见天地之心』。

无妄卦

【原典】

无妄，刚自外来而为主于内，动而健，刚中而应①。大亨以正，天之命也②。其匪正有眚，不利有攸往，无妄之往何之矣？天命不右，行矣哉③。

【精注】

①自『无妄』至『刚中而应』，说明阳刚自外来内为主，内外二体既能震动又秉刚健，刚中居尊位更应和下者，故物皆不敢妄为，以释卦名。②『大亨以正，天之命也』，谓『无妄』之时可致亨通，必须守正，是自然规律，不可违背。以释卦辞『元亨利贞』之义。③自『其匪正有眚』至『行矣哉』，谓『无妄』之时，背离正道必有祸患，故不得妄行，以释卦辞『其匪正有眚，不利有攸往』之义。眚：灾难，疾苦。

【今译】

不妄为，阳刚者从外而内成为主宰，震动而刚强，刚正居中而又应合于下。如此大为亨通而万物守持正固，这都是自然规律的产物。背离正道者必有祸患，不利有所前往，说明在万物无妄为时背道而行，哪里有路可走呢？天命不可违，切勿妄行啊！

【集解】

《彖》曰：无妄，刚自外来而为主于内。

蜀才曰：此本遁卦。

案：刚自上降，为主于初，故『动而健，刚中而应』也。于是乎邪妄之道消，大通以正矣，无妄大亨，乃天道恒命也。

疏 卦自遁来，遁上之初，故云『刚上自降』。震为『长子主器』，故云『为主于初』。『震，动也』，『乾，健也』，故『动而健』。五为刚中，二为正应，故『刚中而应也』。刚中则邪妄自消，得应则大通以正。『乾为天』，互巽为『命』。天命谓性，至诚无妄，故云『无妄大亨，乃天道恒命也』。

动而健，刚中而应。大亨以正，天之命也。其匪正有眚，不利有攸往。

虞翻曰：动，震也。『健』、『大亨』谓乾。『刚中』谓五，而应二。『大亨以正』，变四承五；乾为天，巽为『命』，故曰『大亨以正，天之命也』。

疏 『动』谓震，『健』谓乾。大亨，初也，初体乾，故『谓乾』。以阳居中，故『刚中谓五』。得位得中，而应之者，二也，故『而应二』。大亨，初乾也。使四变正，上承乎五，以之者，乾也，故曰『大亨以正，变四承乾』。『乾为天』，《说卦》文。巽『申命』『为命』。《乾·彖》曰『乾道变化，各正性命』。乾天在初，动于一阳，初动四应，变正为巽命，故曰『大亨以正，无之命也』。《诗》曰『维天之命，于穆不已』，《中庸》曰『天命之谓性』，皆此『大亨以正』者为之也。

无妄之往何之矣？

虞翻曰：谓四已变，上动体屯坎，为『泣血涟如』，故『何之矣』。

疏 四已变正，上动体屯。屯上爻辞曰『泣血涟如』，坎为血卦，故有是象。且《屯》卦辞曰『勿用有攸往』，故无所之也。

天命不右，行矣哉。

虞翻曰：天，五也。巽为『命』。右，助也。四已变成坤，天道助顺。上动逆乘巽命，故『天命不右』。『行矣哉』，言不可行也。马君云『天命不右行』，非矣。

疏 五为天位，故云『天，五也』。互巽『为命』。『右，助也』，本《系辞上》文。四已变正互坤，『坤，顺也』，故云『天道助顺』，即《系传》说此爻『天之所助者顺』是也。上动成坎，逆乘巽命，上变巽毁，故『天命不右』。应震为『行』。『行矣哉』，犹《论语》『虽州里行乎哉』之意，言不可行也。马君谓融。彼意谓天左旋，故『天命不右行』。虞以不应经义，故驳之。

大畜卦

【原典】

大畜，刚健笃实①辉光，日新。其德刚上而尚贤，能健止，大正也②。不家食吉，养贤③也。利涉大川，应乎天也④。

【精注】

①刚健，下体乾卦的性质、特点是公正无私、自强不息；笃实，上体艮卦的性质，特点是稳重、坚定、求实。这些是表示积蓄的道德光辉伟大。辉光：交相辉映。②刚上，指上九阳爻位于君位之上；尚贤，指君王尊重以上九为代表的贤才；止健，上卦艮为止，下卦乾为健。大正，指尚贤是用人的最大正道，止健是行为的最大正道。这些表示畜养方面的伟大。③家食：吃闲饭。养贤：养育人才，包括用贤在内。④应乎天也：符合天道。

【今译】

大畜卦象征所畜对象的特点是大。道德是刚健、笃实，两者交相辉映，德行每日有所进步。阳刚在上，尊重贤才，自强不息而不妄行，该停止时就停止。这些都是最大的正道。所谓不在家中吃闲饭才是吉祥，意指国家应该养育人才，培育圣贤。所谓利于渡过大江大河，是说养贤符合天道。

【集解】

《象》曰：大畜，刚健笃实，辉光日新。

虞翻曰：『刚健』谓乾，『笃实』谓艮。二已之五，『利涉大川』。互体离坎，离为日，故『辉光日新』也。

疏 乾刚而健，故『刚健谓乾』。艮成终始，故『笃实谓艮』。二五易位，互坎，故『利涉大川』。体离为日，管辂曰『朝日为辉，日中为光』，故曰『辉光日新』。郑、虞皆以『日新』断句。俗读属下，失之。

其德刚上而尚贤。

蜀才曰：此本大壮卦。

案：刚自初升，为主于外。刚阳居上，尊尚贤也。

疏 卦自大壮来。阳刚自初升居于上，艮反震，震为主，故「为主于外」。艮为贤人而在上，是尊尚贤人之意也。

能健止，大正也。

虞翻曰：健，乾。止，艮也。二五易位，故「大正」。旧读言能止健，误也。

疏 乾在内为「健」，艮在外为「止」。二五失正，易则得位，故曰「大正」。易气从下生，《象传》之例，先下后上，故曰「能健止」。旧读言能止健，不合《象》例，且畜阳非止乾，故云「误也」。

不家食吉，养贤也。

虞翻曰：二五易位成家人。今体颐养象，故「不家食吉，养贤也」。

案：乾为贤人，艮为宫阙也。令贤人居于阙下，「不家食」之象。

疏 虞注：二五易位，体成家人。大畜三至上体颐，颐者，养也。二为「家」，二之五是「不家食」。得正，故「吉」也。得正为「贤」，体颐为「养」，故「养贤也」。

案：《乾·文言》曰「贤人在下位」，故「乾为贤人」。艮为门阙，故「为宫阙」。乾居艮下，是「贤人居阙下，不家食之象」也。

利涉大川，应乎天也。

京房曰：谓二变五体坎，故「利涉大川」。五天位，故曰「应乎天」。

疏 二五变正，五体乘坎，故「利涉大川」。五于三才为天位，五动二应，互震伏巽为应，故曰「应乎天」。

颐卦

【原典】

颐，「贞吉」，养正则吉也①。「观颐」，观其所养也②；「自求口实」，观其自养也③。天地养万物，圣人养贤以及万民④，颐之时大矣哉⑤！

【精注】①养正：养而正，即颐养而遵循正道。②观其所养：指观察颐养的客观条件。③观其自养：指观察颐养的主观条件。实，食，食物。④以及万民：以之及于万民。之，代『养贤』。⑤时：适时。这里的『时』就是上文说的颐养的正道。

【今译】颐卦象征颐养，『占问会获吉祥』，是说遵循正道而颐养是获得吉祥的唯一途径。『观察事物的颐养现象』是观察获得养育的客观条件，『自谋口中食物』是观察养生之道的主观条件。天地养育万物，圣人养育贤才并以此遍及于万民，可见，适时颐养，这道理真弘大呀！

【集解】

《象》曰：颐，贞吉，养正则吉也。

姚信曰：以阳养阴，动于下，止于上，各得其正，则吉也。

宋衷曰：颐者，所由饮食，自养也。君子『割不正不食』，况非其食乎？是故『所养』必得贤明，『自求口实』必得体宜，是谓『养正』也。

疏 姚注：二阳在外，四阴在内，故云『以阳养阴』。震动于下，艮止于上，上下『各得其正，则吉也』。

宋注：颐动则食，故云『所由饮食以自养也』。『割不正不食』，《论语》文。不正且不食，况非其所当食者乎。《系·上》曰『可久则贤人之德』。《乐记》曰『述者之谓明』，疏云『明者，辨别是非』。是『贤』为有德，『明』为有才也。故『所养必得贤明』，则养人得其正。《礼器》：『礼时为大，顺次之，体次之，宜次之。』『口实必得体宜』，则自养得其正。故『养正则吉也』。

案：爻不正则养之以正。《杂卦》曰『颐，养正也』，虞彼注云『谓养三五。五之正为功，三出坎为圣。与「蒙以养正，圣功也」同义』。故『养正则吉也』。

观颐，观其所养也。

侯果曰：王者所养，养贤则吉也。

疏 王者所养，以养贤则吉。又艮为贤人，坤为致养，以坤养艮为养贤。

自求口实，观其自养也。

侯果曰此本观卦，初六升五，九五降初，则成颐也。是『自求口实，观其自养』。

案：『口实』，谓颐口中也。实事可言，震声也。实物可食，艮其成也。

疏 侯注：此本观卦，从四阴二阳之例也。初五易位则成颐。《杂卦》曰『临观之义，或与或求』。『求』谓观也。故曰『自求口实』。『自求』者，『自养也』。

案：『口实』，谓实于颐口中也。『实事可言』则言之，以震雷声为无妄也。『实物可食』则食之，以艮『成终』『为果蓏』也。《象》曰『慎言语，节饮食』，即此义也。又三五正则坤实，故『自求口实，观其自养也』。

天地养万物。

翟玄曰：天，上，地，初也。万物，众阴也。天地以元气养万物，圣人以正道养贤及万民，此其圣也。

疏 三才之道，上为天位，初为地位。万物则四爻众阴也。天地以元气颐养万物，圣人法天地，以正道养贤及方民，圣人与天地同体也。

愚案：颐互坤为地，通大过乾为天，震出万物，坤皆致养，故曰『天地养万物』。

圣人养贤以及万民。

虞翻曰：乾为『圣人』，艮为『贤人』。颐下养上，故『圣人养贤』。坤阴为『民』，皆在震上，『以贵下贱大得民』，故『以及万民』。

疏 乾阳为圣人在初。艮三即乾三，故『艮为贤人』。初阳在下，艮阳在上，以下养上，故曰『圣人养贤』。坤阴『为众』，『为民』。『皆在震上』，谓震初也，『以贵下贱大得民』，屯初《象传》文。晋四降初为『下贱』，故『大得民』。《朋礼·乡大夫》：『使民兴贤，出使长之。使民兴能，入使治之。』是养成贤能，使治万民，故『以及万民』。又乾五为『圣人』，侯氏谓『观五降初』是也。

颐之时大矣哉！

天地养物，圣人养贤以及万民，人非颐不生，故大矣。

疏 承上文天地圣人，养物养贤，以明人非颐不生，故其『时大』也。

愚案：帝出乎震，终乎艮，四时皆备。又艮『动静不失其时』，故曰『颐之时大矣哉』。

大过卦

【原典】大过，大者过也①。栋桡，本末弱也②。刚过而中③，巽而说行④，利有攸往，乃亨⑤。大过之时大矣哉！

【精注】①大者过：大指卦中的阳爻，由于是四个，所以说『过』。②本末弱：本指初爻，末指上爻，弱指阴爻，由于阴爻居于初和上，所以说『本末弱』。③刚过而中：阳爻有四个，是『刚过』。『中』指九二和九五都以阳爻居中，是得中说。④巽而说：逊顺而快乐。逊顺是下巽的性质，悦（说）乐是上兑的性质。⑤行：行动。

【今译】『大过』，是号称为『大』的阳爻多了。『栋桡』，是号称为『弱』的阴爻一居于本，一居于末。阳爻太多而得中，下巽逊顺而上兑快乐，即刻行动，对形势的发展是有利的，事业会顺利，『大过』的意义非常深远。

【集解】**《象》曰：大过，大者过也。**

虞翻曰：阳称『大』，谓二也。二失位，故『大者过也』。

疏 阳大阴小，故『阳称大』。大过体坎，二为主，故『谓二也』。二阳失位，是阳过也，故曰『大者过也』。

栋桡，本末弱也。

向秀曰：栋桡则屋坏，主弱则国荒。所以桡，由于初上两阴爻也。初为善始，末是令终。始终皆弱，所以『栋桡』。

王弼曰：初为『本』而上为『末』也。

侯果曰：本，君也。末，臣也。君臣俱弱，『栋桡』者也。

疏 向注：栋为屋主，栋桡则屋坏。犹主为国栋，主弱则国荒。其所以桡者，由初上两爻皆阴。阴柔，故弱也。初贵善始，末贵令终。初阴失正，始固不善。上阴得位，终非不令。然始弱而终亦弱，是以弱济弱，所以『栋桡』也。王注：《系辞下》曰『其初难知，其上易知，本末也』，故『初为本，而上为末也』。《说文》曰『木下曰本，从木，一在其下。木上曰末，从木，一在其上』，是其义也。

侯注：初非君位，不可言『君』。上非臣位，不可言『臣』。此释非非也。

刚过而中，巽而说行。利有攸往，乃亨。

虞翻曰：『刚过而中』谓二。说，兑也，故『利有攸往』。大壮震，五之初，故『亨』。与遁二同义。

疏 二刚失位，为过在下中，故知『刚过而中谓二』也。兑为说，故云『说，兑也』。以其得中，又巽而说行，利于变正应五，故『利有攸往』也。『说行』者，大壮震为『行』也。大壮四失位，为二阴所伤。五之初阳得位，阴不能伤。二变应之，『故亨也』。遁二消阳，子弑其父。三来之二成讼，弑逆不行。失位『终凶』，复变应五，故『同义』也。

大过之时大矣哉！

虞翻曰：『国之大事，在祀与戎』。『藉用白茅』，『女妻』有子，继世承祀，故『大矣哉』。

疏 『国之大事，在祀与戎』，《左传·成公十三年》文。白茅缩酒，所以承祭也。『女妻有子』，所以承先也。引初二爻辞所以明『继世承祀』为国大事之义。伏震为春，体兑为秋，伏颐体离为夏，大过体坎为冬。禴祠烝尝，四时体备，故『大过之时大矣哉』。

坎卦

【原典】

习坎，重险也，水流而不盈①。行险而不失其信②，维心亨，乃以刚中也；行有尚，往有功也③。天险不可升也，地险山川丘陵也，王公设险以守其国。险之时用大矣哉④！

【精注】

①重险也，水流而不盈：此谓上下坎两『险』相重，若水流陷穴，不能盈满，以释卦名『习坎』之意。重险：重重险陷。②行险而不失其信：指二、五阳刚居中，为行险不失信之象。③行有尚：向前发展必被崇尚。行：向前发展。尚：崇尚。④险之时义大矣哉：此句总结前三句所举『天险』『地险』『王公设险』之例，从『用险』的角度叹美『坎险』之时的弘大功用。

【今译】两个坎卦相重，意思是重重险陷，若水流陷穴，不能盈满。身处险陷的境地而诚信不失，就能使内心亨通无碍，这是由于阳刚居中行为不偏；『努力向前发展必被崇尚』，说明往前进取会有所收获，能够建立功业。天险是人们所无法升越的，地险体现于高山大河丘陵之境，国王公侯往往为自己的国境设置险关：『险陷』之时的功用实在是太重要了！

【集解】**《象》曰：习坎，重险也。**

虞翻曰：两象也。天险，地险，故曰『重险也』。

疏 两象，上下两象也。五，天位，坎在上为『天险』。二，地位，坎在下为『地险』。故曰『重险也』。

水流而不盈。

荀爽曰：阳动险中，故『流』。阳陷阴中，故『不盈』也。

陆绩曰：水性趋下，不盈溢崖岸也。月者，水精。月在天，满则亏，不盈溢之义也。

疏 荀注：二震为勤，阳动阴中，故曰『流』。盈，溢也。五艮为止，是阳陷阴中，故不盈溢也。九五曰『坎不盈』，不盈，谓五艮也。

陆注：水性趋下，流而不息，故『不盈溢崖岸』。《淮南子》曰『水气之精者为月』，故云『月者，水精』。《丰·象传》曰『月盈则食』，故云『月在天，满则亏』，即水『不盈溢之义也』。

行险而不失其信。

荀爽曰：谓阳来为险，而不失中，中称『信』也。

虞翻曰：信，谓二也。震为『行』。水性有常，消息与月相应，故『不失其信』矣。

疏 荀注：谓乾二五之坤也。阳来陷于阴中为『险』。居二五，故『不失中』也。在中，故『称信也』。

虞注：二中实，故『信谓二也』。互震为『行』。故曰『行险』。水之潮汐，本有常性，消长与月相应，故曰『不失其信』。

维心亨，乃以刚中也。

侯果曰：二五刚而居中，则『心亨』也。

疏　二五居中象「心」。刚自乾来，以阳通阴，故「心亨」也。

行有尚，往有功也。

虞翻曰：「功」谓五。二动应五，故「往有功也」。

疏　《系辞下》曰「五多功」，故「功谓五」。二变正应五，故「往有功也」。

天险不可升也。

虞翻曰：谓五在天位，五从乾来，体屯难，故「天险不可升也」。

疏　乾五位乎天德，故「五为天位」。乾五之坤，故「五从乾来」。二至上体屯，《序卦》曰「屯者，难也」。故「体屯难」为「天险」。震为足，艮为止，震足动而艮止之，故「不可升也」。

地险，山川丘陵也。

虞翻曰：坤为地，乾二之坤，故曰「地险」。艮为山，坎为「川」，半山称「丘」，丘下称「陵」，故曰「地险，山川丘陵也」。

疏　二于三才为地位，又坤为地，乾二之坤，坎险以成，故曰「地险」。互「艮为山」，体坎水为「川」。丘高半于山，故「山半称丘」。《尔雅》：「大阜曰陵。」又「溴梁河瓠，备八陵之数」，知陵下于丘，故「丘下称陵」。皆地之险，故曰「地险山川丘陵也」。

愚案：《释地》：「大阜曰陵。」《博雅》：「小陵曰丘。」是陵高而丘卑也。虞谓「山半称丘，丘下称陵」，恐不然也。

王公设险，以守其邦。

虞翻曰：王公，大人，谓乾五。坤为「邦」，乾之二坤成坎险。震为「守」。有屯难象，故「王公设险，以守其邦」。离言「王用出征以正邦」是也。

案：九五，王也。六三，三公也。艮为山城，坎为水池，「王公设险」之象也。

疏　虞注：王公者，大人之称，乾九五「利见大人」，故「谓乾五」也。坤众为「邦」。乾二之坤成坎为「险」。震长子继世为世守，故「为守」。二至上有屯难之象，故设险隘以守其邦。交通离，《离·上九·象传》曰「王用出征，以正邦也』，即『设险守邦』之义也。

愚案：经文『邦』字，诸本皆作『国』，李从虞注作『邦』，观注引离象『正邦』为证，知虞所见本，实作『邦』也。

案：爻例五为天子，三为三公，故云『九五，王也。六三，三公也』。艮为山，城象也。坎为水，池象也。设城池以守邦，『王公设险之象也』。

险之时用大矣哉！

王肃曰：守险以德，据险以时，成功大矣。

疏 吴起曰『在德不在险』，故云『守险以德』。《孟子》曰『天时不如地利』，故云『据险以时』。以德以时，故『成功大矣』。

案：体坎伏离，兑秋震春，坎冬离夏，随时设险，坤为用，故曰『时用』。

离卦

【原典】离，丽①也。日月丽乎天，百谷草木丽乎地，重明以丽乎正，乃化成天下②。柔丽乎中正，故「亨」，是以「畜牝牛，吉」也。

【精注】①丽：附丽，附着。②地：土地。正：正固。化成天下：教化促成天下昌明。

【今译】离，是附丽的意思。日月依附于天而运行，百谷草木依附于地而生存，光明依附于正固，就会教化促成天下昌明。柔顺依附于中正，所以说亨通，所以说『畜牝牛，吉』。

【集解】**《彖》曰：离，丽也。**

荀爽曰：阴丽于阳，相附丽也。亦为别离，以阴隔阳也。离者，火也。托于木，是其附丽也。烟焰飞升，炭灰降滞，是其别离也。

疏 丽，附丽也。阴必丽乎阳也。坤二五之乾，是阴入于阳，相附丽也。又有别离之义者，以一阴别两阳也。《说卦》

曰『离为火』，故云『离者，火也』。木生火，故『托于木』。以火附木，是相附丽也。『烟焰飞升』，阳升而上也。『炭灰降滞』，阴降而下也。是别离之象也。

日月丽乎天。

虞翻曰：乾五之坤，成『坎为月』，『离为日』，『日月丽天』也。

疏 『坎为月』，『离为日』，《说卦》文。乾五伏阳，上出于坤，先成坎月，下仍本离为日，乾为天，故『日月丽天也』。

百谷草木丽乎地。

虞翻曰：震为『百谷』，巽为『草木』，坤为『地』。乾二五之坤，成坎震体屯。『屯者，盈也』。盈天地之间者，唯万物』。『万物出震』，故『百谷草木丽乎地』。

疏 伏坎互震，震惊百里，故为『百』，又于稼为反生，故为『百谷』。离互巽，刚爻为『木』，柔爻为『草』，故为『草木』。卦自坤来，故『坤为地』。与坎旁通，乾二五之坤，成坎互震则体屯。『屯者，盈也。盈天地之间者，唯万物』，《序卦》文。『万物出震』，《说卦》文。『雷雨之动满形』，则在地者皆生，故『百谷草木丽乎地』。

重明以丽乎正，乃化成天下。

虞翻曰：两象，故『重明』。『正』谓五阳。阳变之坤来化乾，以成万物，谓离日『化成天下』也。

疏 『两象』者，上下两象也。体离伏坎，离日坎月，故曰『重明』。『正』谓乾五阳也。『阳变之坤』，谓坤二五之乾，以丽乾五。《系辞上》曰『坤化成物』，故云『化乾』。坤化乾故『以成万物』。化坎由离，故『谓离日化成天下也』。

柔丽乎中正，故亨。

虞翻曰：『柔』谓五阴，『中正』谓五伏阳。出在坤中，畜牝牛，故中正而亨也。

疏 六五阴不正，故『柔谓五阴』。坎伏离下，故『中正谓五伏阳』。六五出坤中，出离为坎，故『出在坤中』。乾坤交，又得中正，故『亨』。『畜牝牛』，疑是衍文。

是以畜牝牛吉也。

荀爽曰：牛者，土也。生土于火。离者阴卦，牝者阴性，故曰『畜牝牛吉』矣。

疏 管子曰「凡听宫声，如牛鸣窌中」。《史记·乐书》曰「宫土音，牛舍宫声」，故云「牛者，土也」。坤寓离中，故云「生土于火」。离「中女」，故为「阴卦」。牝母畜，故为「阴性」，以阴养阴，故「畜牝牛吉矣」。

彖传下篇

咸卦

【原典】

咸，感也。柔上而刚下，二气感应以相与①，止而说，男下女②，是以「亨，利贞」，「取女，吉」也。天地感而万物化生，圣人感人心而天下和平。观其所感，而天地万物之情可见矣。

【精注】

①柔上而刚下，二气感应以相与：这是用卦体（即形态结构）来解释卦名及卦辞。相与：共处。②男下女：有两层意义，一是说卦形，少男位于少女之下；二是说少男始终根据传统礼仪，恭娶少女。

【今译】

咸卦，是感动。（艮下兑上，艮刚兑柔），是柔在上而刚在下，阴阳二气相互感应而共处。（艮是止，兑是悦），止而悦。（艮为阳卦，兑为阴卦，是阳在阴下），男在女下，（婚礼男下于女）。因此「亨利贞，取女吉」。（天气下降，地气上升），天地阴阳二气相互感应，而万物化生。圣人用德行来感动人心，而天下和平。观察他们的相感，天地万物的情状就清晰可见了。

【集解】

《彖》曰：咸，感也。柔上而刚下，二气感应以相与。

蜀才曰：此本否卦。

案：六三升上，上九降三，是「柔上而刚下，二气交感以相与」也。

疏 感，阴阳相感也。「咸」、「感」古今字也。卦自否来。否六三升上，是为「柔上」。上九降三，是为「刚下」。阴阳二气，交而成咸，故「感应以相与」。郑注云「与犹亲也」。

止而说，男下女，是以亨利贞，取女吉也。

王肃曰：山泽以气通，男女以礼感。男而下女，初婚之所以为礼也。通义正，取女之所以为吉也。

疏 艮山为止，兑泽为说，故云『止而说』。艮男在下，兑女在上，故云『男下女』。《乾·文言》曰『同气相求』，《说卦》曰『山泽通气』，故云『山泽以气通』。《春官·大宗伯》：『以昏冠之礼亲成男女。』故云『男女以礼感』。《仪礼·士昏礼》凡『纳采、问名、纳吉、纳征、请期、亲迎』诸礼，皆『男下女』之事。《郊特牲》曰『男子亲迎，男先于女，刚柔之义也』，故云『初婚之所以为礼也』。『亨利贞』则通其义而得正，故云『取女之所以为吉也』。

天地感而万物化生。

荀爽曰：乾下感坤，故万物化生于山泽。

陆绩曰：天地因山泽孔窍以通其气，化生万物也。

疏 荀注：否上之三，故云『乾下感坤』。《中庸》言天覆万物，地载万物，而归功于山之广生，水之不测，故云『万物化生于山泽』。

陆注：《说卦》曰『天地定位，山泽通气』，故云『天地因山泽孔窍以通其气』。《说文》『山，宣也。宣气散生万物』。《白虎通》：『水位在北方，阴气在黄泉之下，任养万物。』故云『化生万物也』。

愚案：下经首言夫妇，而必推原于天地万物，《彖》辞与《序卦》，其义一也。先儒谓下经专明人事，韩氏于《序卦传注》驳之，是矣。

圣人感人心而天下和平。

虞翻曰：乾为圣人，初四易位成既济，坎为心为平，故『圣人感人心而天下和平』，此『保合太和』『品物流形』也。

疏 『乾为圣人』，谓否五也。初四失正，易位成既济定。既济有两坎，坎亟心为心，体兑为和，坎水为平，乾五下感坤众，故曰『圣人感人心』。否乾天坤下，兑和坎平，故曰『天下和平』。『保合太和』『品物流形』，乾坤交而为既济时也，故引《乾·彖》以明『天下和平』之义。

观其所感，而天地万物之情可见矣。

虞翻曰：谓四之初，以离日见天，坎月见地，县象著明，万物见离，故『天地万物之情可见』也。

疏　四之初成既济，有离日坎月。坤之乾成离，故『以离日见天』。乾之坤成坎，故『坎月见地』。乾天坤地，此『天地之情可见』也。《系辞上》曰『县象著明，莫大乎日月』。《说卦》曰『离者，明也，万物皆相见』。此『万物之情可见』也。

恒卦

【原典】

恒，久也。刚上而柔下，雷风相与，巽而动①，刚柔皆应②，恒。恒『亨无咎，利贞』，久于其道也。天地之道恒久而不已也。『利有攸往』，终则有始也③。日月得天而能久照④，四时变化而能久成。圣人久于其道而天下化成⑤。观其所恒，而天地万物之情可见矣。

【精注】

①巽而动：上卦为震，震义为动；下卦为巽，巽义为逊。因而本卦具有谦逊而又敢为的义道。②刚柔皆应：指本卦下卦相对的各爻都是刚柔相应。③高亨说：『「天地之道恒久而不已也」一句与「利有攸往，终则有始也」一句当互移其位，盖传写之误。』④天：遵循自然规律。⑤天下化成：教化促成天下昌明。

【今译】

恒卦，就是恒久的意思。阳刚居于上，阴柔居于下。雷厉风行，二者常是相辅相成地运行不息，既能谦逊地顺从，同时又能积极地行动，刚柔相济，所以本卦取名为恒卦。恒卦卦辞说『亨通，没有灾祸，利于坚守正道』，是说必须不懈、毫不动摇地坚持正道。天地的运行法则，就是永恒常久、无时无刻不在运行。『有所往则有利』，是说事物变化发展的规律是周而复始、循环无穷的，到达终点同时就是新的起点。太阳月亮遵循自然规律就能长久地普照万物，春夏秋冬交替变化就能长久地生成万物，圣人坚持不懈、毫不动摇地坚守正道就能达到教化促成天下昌明。通过观察能够反映恒久这一规律的具体实例，我们就很容易掌握天地万物瞬息万变的奥妙了！

【集解】

《彖》曰：恒，久也。刚上而柔下。

王弼曰：刚尊柔卑，得其序也。

疏　孔疏『恒，久也』者，训释卦名也。咸明感应，故『柔上而刚下』，取二气相交也。恒明长久，故『刚上而柔下』，取尊卑得序也。

雷风相与，巽而动。

蜀才曰：此本泰卦。

案：六四降初，初九升四，是言『刚上而柔下』也。分乾与坤，雷也。分坤与乾，风也。是『雷风相与，巽而动』也。

疏 卦自泰来，六四降初，是『柔下』也，初九升四，是『刚上』也。分乾之初以与坤，则成震而为雷，分坤之上以与乾，则成巽而为风，是为『雷风相与，巽而动也』。又《乾·文言》曰『同声相应』，虞彼注云『谓震巽也』，『相应』犹『相与』，『与』犹亲也。《口诀义》引褚氏云『雷资风而益远，风假雷而增威』是也。

刚柔皆应，恒。

《九家易》曰：初四、二五虽不正，而刚柔皆应，故『通无咎』矣。

疏 初四、二五位虽不正，而六爻刚柔皆应，故亨通而无咎矣。

恒亨无咎利贞，久于其道也。

荀爽曰：恒，震世也。巽来乘之，阴阳合会，故『亨无咎』。长男在上，长女在下，夫妇道正，故『利贞，久于其道也』。

疏 恒，震宫三世卦，故云『震世也』。一世变豫，二世变解，三世而下体变巽，故『巽来乘之』。『阴阳会合』，『杂而不厌』，故亨通无咎。巽内震外，故云『长男在上，长女在下』。得夫妇之正道，故『利贞』。又乾为久、为道。凡事不变则不恒，唯不正者利变之正则久。《系辞下》曰『变则通，通则久』，故言『久于其道也』。

天地之道，恒久而不已也。

虞翻曰：泰，乾坤为天地。谓终则复始，『有亲则可久』也。

疏 泰有乾坤，故『乾坤为天地』。否、泰循环，恒、益反复，故云『终则复始』。『有亲则可久』，《系辞上》文。虞彼注云『阳道成乾为父，震坎艮为子。本乎天者亲上，故有亲』。此终变成益，乾坤历生六子，故云『有亲』。又荀彼注『阴阳相亲，杂而不厌，故可久也』。

利有攸往，终则有始也。

荀爽曰：谓乾气下终，始复升上居四也。坤气上终，始复降下居初者也。

疏 谓泰乾气终于下，始复升于四。坤气终于上，始复降于下。盖初四易位，不合终始之义，故以泰初升四，上降初为「终则有始也」。

案：「有」读为又。「利有攸往」者，利初四、二五变之正，终成益。盖恒自泰来，益自否来。否终则泰始，恒与益反复相循，亦终则又始也。

日月得天而能久照。

虞翻曰：动初成乾为天，至二离为日，至三坎为月，故「日月得天而能久照」也。

疏 恒与益通，益变恒从初始。初动成乾，故为天。变至二成离，故为日。变至三成坎，故为月。以乾照坤，乾为久。故「日月得天而能久照也」。

四时变化而能久成。

虞翻曰：春夏为变，秋冬为化。变至二离夏，至三兑秋，至四震春，至五坎冬，故「四时变化而能久成」，谓乾坤成物也。

疏 春夏阳信为变，秋冬阴诎为化。「至三兑秋，至四震春」误。此益变成恒，当云初已变，至二成离，是《类谋》：「夏至日在离。」三四五互体兑，「秋分日在兑」。变至三成震，「春分日在震」。变至五成坎，「冬至日在坎」。故「四时变化而能久成」。「两仪生四象」，四时乃乾坤所生。「乾知大始，坤化成物」，故谓「乾坤成物也」。

圣人久于其道，而天下化成。

虞翻曰：圣人谓乾，乾为道。初二已正，四五复位，成既济定。「乾道变化，各正性命」。有两离象，「重明丽正」，故「化成天下」。

疏 「圣人谓乾」者，即乾三君子也。乾道门，故为道。又可久，故曰久。三不易方，故「久于其道」。以爻变论之。三上得位，三久其道，不与上易，则益「初二已正，四五复位，成既济定」。「乾道变化，各正性命」，所谓「久于其道」也。既济互有两离，「重明丽正，化成天下」，既济之事，明「天下化成」为既济也。

观其所恒，而天地万物之情可见矣。

虞翻曰：以离日照乾，坎月照坤，万物出震，故『天地万物之情可见矣』。与咸同义也。

疏 变初及二，是『以离日照乾』也。变四及五，是以『坎月照坤』也。体震，是『万物出震』也。乾天坤地，震为万物，穷变通久，故曰『观其所恒，而天地万物之情可见矣』。与《咸·象》『观其所感』，同一义也。

遁卦

【原典】

『遁，亨』，遁而亨也；刚当位而应①，与时行也②。『小利贞』，浸而长也③。遁之时义大矣哉！

【精注】

①刚当位而应：遁卦下艮上乾，刚，指九五爻；当位，指九五爻阳爻居阳位、尊位。②与时行：顺应时势而行。行，这里特指退避。③浸而长：因浸润扩展而成长壮大。浸，浸润。长，增长。

【今译】

遁卦象征退避，『退避，亨通顺利』，意思是必须先行退避尔后方可致亨通顺利；这在卦象上表现为阳刚者处正居尊而能与在下者相互应和，并顺应时势及早退避。『利于柔小者占问』，是由于柔小的阴气正在浸润扩展而成长壮大。可见，退避就是顺应时势，具有重大的意义。

【集解】

《象》曰：遁，亨，遁而亨也。

侯果曰：此本乾卦，阴长刚殒，君子遁避，遁则通也。

疏 此本乾卦，消阳至二。阴长，是小人道长也。刚殒，是君子道消也。小人用事，则君子行遁。《序卦》曰『遁者，退也』。盖进则遇难，退则探身，故『遁则通也』。

刚当位而应，与时行也。

虞翻曰：刚谓五而应二，艮为时，故『与时行』矣。

疏 五阳当位而正应二，故『刚谓五而应二』。《艮·象》曰『动静不失其时』，故『艮为时』。通临为与，临震为行，故『与时行矣』。

小利贞，浸而长也。

荀爽曰：阴称小，浸而长，则将消阳，故利正居二，与五相应也。

疏 泰曰『小往』，否曰『小来』，故知『阴称小』也。阴消至二，其势浸长，将欲消阳成否。二与五为正应，固志守正，遁不成否，『利贞』之义也。

遁之时义大矣哉。

陆绩曰：二谓阳气退，阴气将害，随时遁避，其义大矣。

宋衷曰：太公遁殷，四皓遁秦之时也。

疏 陆注：『阳气退』，谓乾消至二也。『阴气将害』，谓消三成否，坤阴为害也。《艮·彖》曰『时止则止』，伏坤为义，体乾为大，故云『随时遁避，其义大矣』。

宋注：《孟子》：『太公避纣，居东海之滨。』《史记·留侯世家》：『上有不能致者，天下有四人。四人者，年老矣，逃匿山中。』是太公遁殷，四皓遁秦之事也。

大壮卦

【原典】

大壮，大者壮也①，刚以动，故壮。②『大壮，利贞』，大者正也。③正大而天地之情可见矣。④

【精注】

①大者壮：刚大者强大盛壮。②刚以动：大壮卦下乾上震，刚，指下卦乾，乾性刚；动，指上卦震，震为动。③大者正：意为刚大者刚大端正。④正大而天地之情可见：古人认为，天地化生万物不偏不倚，其德既大且正，所以称『正大』可见『天地之情』。

【今译】

大壮卦象征刚大盛壮，而『刚大盛壮』，指的是刚大者声势强大盛壮；拥有刚健而又能奋动的气质，所以称『盛壮』。『刚大盛壮，利于占问』，是由于刚大者刚大端正，只要持守端正刚大的态度，天地化育万物的端正刚大的精神就可以心领神会了！

【集解】《象》曰：**大壮，大者壮也。**

侯果曰：此卦本坤。阴柔消弱，刚大长壮，故曰大壮也。

疏 阳息坤，初渐长至四，故云「此卦本坤」。阳息过泰，是阴柔愈弱，阳刚愈壮。阳为大，息至四，故曰「大者壮也」。

刚以动，故壮。

荀爽曰：乾刚震动，阳从下升，阳气大动，故壮也。

疏 乾刚在下，震动在上，是「阳从下升」也。阳气至刚，大动于上，故壮。

大壮利贞，大者正也。

虞翻曰：谓四进之五，乃得正，故「大者正也」。

疏 阳在四为失位，进而之五，乃得乎正。阳为大，故曰「大者正也」。

正大而天地之情可见矣。

虞翻曰：「正大」谓四，之五成需，以离日见天，坎月见地，故「天地之情可见也矣」。

疏 阳居五为正为大。四阳之五成需，需自大壮来也。需体坎互离，互乾成离，故云「离日见天」。乾之坤成坎，故云「坎月见地」。「利贞者，性情也」，故「正大而天地之情可见矣」。

晋卦

【原典】晋，进也，明出地上。[1]顺而丽乎大明[2]，柔进而上行[3]，是以「康侯用锡马蕃庶，昼日三接」也。

【精注】①明出地上：晋卦下坤上离，明，指上卦离，离为火、为日，所以「明」；地，指下卦坤，坤为地。②顺而丽乎大明：顺，指下卦坤，坤性顺；丽乎大明，指下卦离，因为离既有「附丽」之义，又有「大明」之象。③柔进而上行：柔，指六五爻；上行，指六五爻上进而居尊位。

【今译】晋卦象征进取，其情状就像太阳一步一步出现在地面上。由于在下者顺从而又附丽于在上者的宏大光明，以柔顺之德不断进长而向上直行并得居尊位，所以才能『象尊贵的公侯得到天子赏赐的众多车马，并在一天之内蒙受三次接见』。

【集解】**《象》曰：晋，进也。明出地上，顺而丽乎大明。**

崔憬曰：浑天之义，日从地出而升于天，故曰『明出地上』。坤，臣道也。日，君德也。臣以功进，君以恩接，是以『顺而丽乎大明』。虽以卦名晋而五爻为主，故言『柔进而上行』也。

疏 《晋书·天文志》曰：『言天体者有三家。一曰周髀，二曰宣夜，三曰浑天。宣夜之学，绝无师法。周髀行数具存，验之天状，多所违失，故史官不用。唯浑天近得其情。』《浑天仪》曰：『天地各成气而立，载水而浮，日月星辰绕地下。』故云『日从地出而升于天』为『明出地上』也。《坤·文言》曰『臣道也』，故云『坤，臣道』。《尸子》曰『日五色，至阳之精，象君德也』，故云『日，君德也』。坤在下，故云『臣以功进』。离在上，故云『君以恩接』。《说卦》曰『坤，顺也』，『离，丽也』，又曰『离也者，明也』，虞彼注云『离为日为火，故明』。坤丽乾为离，乾藏坤为坎，离日坎月，得天而能久照，皆天之明也。阳称大，故乾为大明。『县象著明莫大乎日月』，故白月亦为在明。观五本乾，观四之五，离丽乾，故『丽乎大明』。四进五，五为卦主，故言『柔进而上行』。

柔进而上行。

蜀才曰：此本观卦。

案：九五降四，六四进五，是『柔进而上行』。

疏 此本观五降四，观四进五。四阴为柔，故曰『柔进而上行』也。

是以康侯用锡马蕃庶。

荀爽曰：阴进居五，处用事之位。阳中之阴，侯之象也；阴性安静，故曰『康侯』。马谓四也。五以下群阴锡四也。坤为众，故曰『蕃庶』矣。

疏 以六四阴柔，进居于五，五为卦主，故云『处用事之位』也。五阳位，于爻例为天子。阴，臣象也。以阴处阳，为『阳中之阴』，故云『侯之象也』。阴为地道，其性安静，故曰『康侯』。观四进五，五即退四，故『马谓四也』。『群阴』谓坤五以坤阴锡四。盖坤『利牝马』为马。坤朋众，故曰『蕃庶』。

昼日三接也。

侯果曰：康，美也。四为诸侯，五为天子，坤为众，坎为马。天子至明于上，公侯谦顺于下，美其治物有功，故蕃锡车马，一昼三觌也。《采菽》刺幽王侮诸侯，《诗》曰『虽无与之，路车乘马』。《大行人职》曰『诸公三飨三问三劳，诸侯三飨再问再劳，子男三飨一问一劳』，即天子三接诸侯之礼也。

疏 《礼祭统》『康周公』，注云『康犹褒大也』，故云『康，美也』。王弼亦云『美之名』是也。爻位四为诸侯，五为天子。坤阴为众，坎美脊为马。『天子至明于上』，谓离也。『公侯谦顺于下』，谓坤也。美诸侯有治物之功，故『蕃锡车马，一日三接也』。《采菽》，《小雅》篇名，《序》曰『刺幽王也。侮慢诸侯，诸侯来朝，不能锡命以礼，数徵会之，而无信义。君子见微而思古焉』。《诗》曰『君子来朝，何锡予之？虽无予之，路车乘马』，引之以证康侯锡马之义也。『大行人』，《周礼·秋官》之职也。『诸公』即上公也。孔安国《曲礼注》：『奉上谓之享。』《大行人职》曰『庙中将幣，三享』，臣享君也。臣享君则君接臣，三享故三接也。据此是以三等之接，为三享也。不知三享，即所谓受币之一接，安得以当三接。若劳问则不接，旦侯伯子男之劳问并不三。惟据觐礼释之，义尤确也，已具前案。以四丽五，柔进上行，以离接乾，是康侯用锡马于王，昼日三接之象也。

明夷卦

【原典】

明入地中，明夷。内文明而外柔顺①，以蒙大难②，文王以之③。『利艰贞』，晦其明也。内难而能正其志，箕子以之④。

【精注】

①内文明而外柔顺：本卦内卦为离，为明，外卦为坤，为顺，所以卦的性质为内文明而外柔顺。②蒙：蒙受。③文王：指周文王。④箕子：商纣王的叔父，曾因进谏纣王而被纣王囚禁。

【今译】

太阳隐没于地中是明夷的卦象。本卦的性质为内文明而外柔顺。在蒙受大难时，周文王能做到内文明而外柔顺。『在艰难之中，贤贞守正，就会吉利』，太阳隐没地中，晦其光明。在国内艰难时，能正固其君子之志的例子是商代的箕子。

【集解】《象》曰：**明入地中，明夷。**

蜀才曰：此本临卦也。案：夷，灭也。九二升三，六三降二，明入地中也。明人地中，则明灭也。

疏 卦自临来，故云『此本临卦也』。『夷』又训『灭』者，灭于文从戌，坤土也。从火，离火也。火在土下为威。又互坎水，故『夷』训『灭』。临九二升三，六三降二，反晋。互坎为明，入地中也。明入地中，则明灭。

内文明而外柔顺，以蒙大难。

荀爽曰：明在地下，为坤所蔽，大难之象。大难，文王君臣相事，故言大难也。

疏 明入地中，为坤阴所蔽，大难之象也。以文王为臣，遇纣为君，故言大难。

案：坤为文，二五之乾成离为明，故曰『文明』。《杂卦》曰『乾刚坤柔』，《说卦》曰『坤，顺也』，故曰『柔顺』。离在内为文明，坤在外为柔顺，文王有文明柔顺之德，而臣事殷纣，幽囚著《易》，故曰『以蒙大难』。

文王以之。

虞翻曰：以，用也。三喻文王。『大难』谓坤。坤为弑父。迷乱荒淫，若纣杀比干。三幽坎中，象文王之拘羑里。震为诸侯，喻从文王者。纣惧出之，故『以蒙大难』，得身全矣。

疏 『以，用也』，王肃谓文王能用之，是也。三为三公，故喻文王。『大难谓坤』者，坤阴消阳为弑父。比干，纣之诸父，故云『迷乱荒淫，若纣杀比干』也。三互坎为狱，三幽坎狱中，故『象文王拘羑里』也。三又互震为诸侯，《左传·襄公四年》：『文王帅殷之叛国以事纣。』故云『喻从文王者』。文王有文明柔顺之德，三分有二以服事殷，纣遂出之。虽蒙大难，得身全矣，故曰『文王以之』。

利艰贞，晦其明也。内难而能正其志，箕子以之。

虞翻曰：箕子，纣诸父，故称『内难』。五乾天位，今化为坤，箕子之象。坤为晦。箕子正之，出五成坎，体离重明丽正，坎为志，故『正其志』。『严箕子以之』，而纣奴之矣。

疏 《书·微子篇》称箕子为『父师』，故知其子为『纣诸父』也。同姓之卿，『故称内难』。六五称『箕子之明夷』，故云『五乾天位，今化为坤，箕子之象』也。月三十日灭坤，故『坤为晦』。乾为大明，故『晦其明』。五位不正，箕子以之，故变而成坎为既济。体互两离，重明丽正，坎心为志，位皆得正，故曰『正其志』。箕子以正自守，未出坎险，故以仁人而为纣所囚也。

家人卦

【原典】

家人，女正位乎内，男正位乎外，男女正，天地之大义也。家人有严君焉①，父母之谓也。父父，子子，兄兄，弟弟，夫夫，妇妇，而家道正，正家而天下定矣。

【精注】

①严君：严厉的家长。

【今译】

在家里，女的应该在家内搞好家务，男的应该在家外搞好工作，这是天地间的大原则。家里有严厉的家长，那就是父母。做父亲的要像父亲，做儿子的要像儿子，做哥哥的要像哥哥，做弟弟的要像弟弟，做丈夫的要像丈夫，做妻子的要像妻子，这样家里就会和谐美满，搞好一家天下也就安定了。

【集解】

《彖》曰：家人，女正位乎内，男正位乎外。

王弼曰：谓二五也。家人之义，以内为本者也。故先说女矣。

疏 『女正位乎内』，谓二阴也。『男正位乎外』，谓五阳也。家人之义，始于刑妻，故『以内为本』而『先说女』也。又《易》气从下生，是以《彖传》之例，皆先内而后外。变以卦名家人，故先女而后男也。

男女正，天地之大义也。

虞翻曰：遁乾为天，三动坤为地。男得天正于五，女得地正于二。故『天地之大义也』。

疏 卦自遁来，故遁乾为天，三动成坤为地。五于三才为天道，故『男得天正于五』。二于三才为地。道，故『女得地正于二』。乾天坤地，故曰『天地之大义也』。

家人有严君焉，父母之谓也。

荀爽曰：离、巽之中有乾坤，故曰『父母之谓也』。

王肃曰：凡男女所以能各得其正者，由『家人有严君』也。家人有严君，故父子夫妇各得其正。家家咸正，而天下之治大定矣。

案：二五相应，为卦之主。五阳在外，主阴在内，父母之谓也。

疏 荀注：坤初之乾成巽，坤二之乾成离，故『离巽之中有乾坤』。《说卦》：『乾，天也，故称乎父。坤，地也，故称乎母。』离巽成于乾坤，故曰『父母之谓也』。

王注：『乾道成男，坤道成女』，乾坤正于上，则男女正乎下，故男女正，由家有父母为严君也。郑注《礼大传》云『严犹尊也』，君道严威故曰严。『乾以君之』，故曰君。《孝经》曰『亲生之膝下，以养父母曰严』。《泰·象传》曰『后以裁成天地之道』，《复象传》曰『后不省方』，皆指坤。《释诂》曰：『后，君也。』故乾父坤母，皆有严君之义。家有严君，则人各得其正。一家正，则家家正，家家正，则天下之治大定矣。

案：二五得位相应，为卦之主。五阳在外，父象也。二阴在内，母象也。故曰『父母之谓也』。母亦谓之君者，犹父之父为王父，父之母为王母，又舅曰君，舅姑曰君姑之义也。

父父，子子，兄兄，弟弟。

虞翻曰：遁乾为父，艮为子，三五位正，故『父父，子子』。三动时，震为兄，艮为弟，初位正，故『兄兄，弟弟』。

疏 卦自遁来，故以遁乾五为父，艮三为子。三五位皆得正，故白『父父，子子』。家人三动时，震一索得男为兄，艮三索得男为弟。初五位得正。不言五者，蒙上省文也。兄先弟后，故曰『兄兄，弟弟』。

夫夫，妇妇。

虞翻曰：三动时，震为夫。巽四为妇。初四位正，故『夫夫，妇妇』也。

疏 三动时，震一夫之行故为夫。四体巽为妇。初四位皆得正，夫内成，妇外成，故曰『夫夫，妇妇』也。

而家道正，正家而天下定矣。

荀爽曰：父谓五，子谓四。兄谓三，弟谓初。夫谓五，妇谓二也。各得其正，故『天下定矣』。

陆绩曰：圣人教先从家始，家正而天下化之，『修己以安百姓』者也。

疏 荀注：『父谓五』，乾阳也。『子谓四』。四承五也。兄三弟初，皆阳爻也。『夫谓五』，乾阳也。『妇谓二』，坤阴也。上不得正，故不与。五爻皆得其正，故『天下定矣』。

陆注：《大学》曰『古之欲明明德于天下者，先治其国。欲治其国者，先齐其家』。故『圣人之教，先从家始。家正则天下化之也』。『修己以安百姓』，《论语》文。引之以明『正家而天下定』也。

案：上变则六爻皆正，成既济定，故曰『正家而天下定矣』。

睽卦

【原典】

睽[1]，火动而上，泽动而下，二女同居[2]，其志不同行。说而丽乎明，柔进而上行，得中而应乎刚，是以小事吉。天地睽而其事同也[3]，男女睽而其志通也，万物睽而其事类也。睽之时用大矣哉！

【精注】

①睽：睽卦上体离卦，离为火，下体兑卦，兑为泽，火在上面焰向上，泽在下面水向下，象征火水相背。②二女：八卦中，兑为少女，离为中女，两者共处一卦之中，好比二女共居一室，但长大后各自成家，志向行为都不相同。③睽：分开，划分。事：功能。

【今译】

隔阂离异，好比火焰炎炎向上，泽水流动向下，又好比二女同居一室，志向不同而行为乖异。不过，态度和悦而依附光明，柔顺上进、处事适中而能应合于刚强，这就是从小事做起可获吉祥的道理。正因为天地阴阳对立，阴阳交感才能生万物；男女异性，才能彼此相慕而成眷属；万物不同，才能有类有合。睽违离隔之时，正是大展宏图的时候啊！

【集解】

《象》曰：睽，火动而上，泽动而下。

虞翻曰：离火炎上，泽水润下也。

疏 《洪范》曰『火曰炎上，水曰润下』。卦自无妄来，二上之五，体离为火，故云『离火炎上』也。五下之二，体兑为泽，故云『泽水润下也』。

二女同居，其志不同行。

虞翻曰：二女，离、兑也。坎为志。离上兑下。无妄震为行，巽为同，艮为居。二五易位，震巽象坏，故『二女同居，其志不同行』也。

疏 离为中女，兑为少女，故『二女谓离兑也』。互坎为志。离上兑下，睽也。在无妄震足为行，巽震『同声相应』为同，艮门阙为居。二五易位，无妄变睽，震巽象坏，故『二女同居，其志不同行也』。

说而丽乎明，柔进而上行，得中而应乎刚。

虞翻曰：说，兑。丽，离也。明谓乾。当言大明以丽于晋。柔谓五。无妄巽为进，从二之五，故『上行』。刚谓应乾五伏阳，非应二也。与鼎五同义也。

疏 《说卦》：『兑，说也。』故云『说，兑』。『离，丽也』，故云『丽，离也』。《乾·象传》曰『大明终始』，故『明谓乾』。《晋，象传》曰『顺而丽乎大明』，故云『当言大明以丽于晋』。『丽』训偶，谓比偶于晋也。柔谓五，五本二也，五从二来。在无妄时，巽进退为进二之五，故曰『上行』。睽与蹇旁通，故五有伏阳，乾伏五下。六五得中而应乾五伏阳，故曰『得中而应乎刚』。二五皆失位，例变之正，五柔应二刚为不义之应，故知『刚谓应乾五伏阳，非应二也』。《鼎·象传》曰『得中而应乎刚』，与屯旁通，刚应伏阳，故『与鼎五同义也』。

是以小事吉。

荀爽曰：『小事』者，臣事也。百官异体，四民殊业，故睽而不同。刚者，君也。柔得其中而进于君，故言『小事吉』也。

疏 以『小事』为『臣事』者，阴为小也，百官异体，四民殊业，睽而不同之象也。刚为天德，乾为天、为君，故『刚者，君也』。五柔得中，变正应乎君位。二变应之，阴利承阳，阴为小，故『小事吉也』。

天地睽而其事同也。

王肃曰：高卑虽异，同育万物。

虞翻曰：五动乾为天，四动坤为地。故『天地睽』。坤为『事』也，五动体同人，故『事同』矣。

疏 王注：天高地卑，势虽睽异，然天地位而万物育，是高卑异而育物之事自同也。

虞注：五动体乾，虞『乾为天』。四动互坤，故『坤为地』。乾上坤下，其象为否，故曰『天地睽』。坤『发于事业』，故『为事』。五动体象同人，故『其事同也』。

男女睽而其志通也。

侯果曰：出处虽殊，情通志合。

虞翻曰：四动艮为男，兑为女，故『男女睽』。坎为志、为通，故『其志通也』。

疏 侯注：男正位外为出，女正位内为处。出处虽睽，而男女之情志则通也。

虞注：四动变艮为少男，体兑为少女。二少相感，男下乎女，其体为咸。今上下易位，故曰『男女睽』。互坎心为志，又为通，故曰『其志通也』。

万物睽而其事类也。

崔憬曰：万物虽睽于形色，而生性事类，言亦同也。

虞翻曰：四动，万物出乎震，区以别矣。旬故『万物睽』。坤为事、为类，故『其事类也』。

疏 崔注：万物并育，形色攸殊。而生性一源，其事相类。故『言亦同也』。

虞注：四动体震。『万物出乎震』，《说卦》文。『区以别矣』，《论语》文。变震为生，体兑为杀，故万物区别而为睽也。坤发事业为事，坤方类聚为类，故曰『其事类也』。

睽之时用大矣哉！

《九家易》曰：乖离之卦，于义不大。而天地事同，共生万物，故曰『用大』。

虞氏曰：不言『义』而言『用』者，明用睽之义至大矣。

疏 《九家》注：乖离之卦，其辞曰『小事吉』，人或以为『于义不大』。不知天地事同，共生万物，其用最大。故特著其时，使人不得小视睽用也。

虞注：诸卦言『时大』者，如颐、解、革，皆言『时』，如豫、随、遁、姤、旅，皆言『时义』，唯睽与坎、蹇，皆言『时用』。用者，用其义也。故曰『明用睽之义至大矣』。

案：体离为夏，互坎为冬，体兑为秋，四变震为春，故曰『时』。非常之义，故曰『时用』也。

蹇卦

【原典】

蹇，难也，险在前也。见险而能止，知矣哉①！蹇，利西南，往得中也；不利东北，其道穷也。利见大人，往有功也；当位贞吉，以正邦也②。蹇之时用大矣哉③！

【精注】

①知：通「智」。②正：端正。③蹇之时用大矣哉：感叹美蹇时的济蹇功用之大。

【今译】

蹇，艰难的意思，险境在前面欲行必难。临险而停止，实在是明智之举啊！蹇难之时，利于向西南平地，前往就能合宜适中；不利于向东北山麓，此道必将穷困不通。会见贵族王公则有利，说明前往济蹇必能建功；居得其位以守持正固可获得吉祥，说明这样可解除艰难而使国家得到治理。处蹇难之时而济蹇的功用是多么宏大啊！

【集解】

《彖》曰：蹇，难也，险在前也。见险而能止，知矣哉！

虞翻曰：离见坎险，艮为止。观乾为知，故「知矣哉」。

疏　「前」谓外也。诸爻言「往蹇」，以「险在前也」。外卦互离目，故云「离见」。《坎·彖》曰「习坎，重险也」，故云「坎险」。《说卦》：「艮，止也。」故云「艮止」。五体观乾也，《系辞上》「乾以易知」，故「为知」。又「夫乾，天下之至健也，德行恒易以知险」，故曰「见险而能止，知矣哉」。六爻皆有蹇象，唯九五当位正邦，余皆利止，见险而止之义也。

蹇，利西南，往得中也。

荀爽曰：西南谓坤。乾动往居坤五，故「得中也」。

疏　坤，西南卦也，故「西南谓坤」。乾动往居坤五，故得中，且得位也。

不利东北，其道穷也。

荀爽曰：东北，艮也。艮在坎下。见险而止，故「其道穷也」。

疏　艮，东北卦也，故『东北谓艮』。艮居坎下，坎险艮止，故『见险而止』。消息艮在丑，又『成终成始』。天道穷于东北，故曰『其道穷也』。

利见大人，往有功也。

虞翻曰：『大人』谓五。二往应五，『五多功』，故『往有功也』。

疏　五为君位，故『大人谓五』。『往』谓二往应五。『五多功』，《系》下文。二正应五，故『往有功』也。

当位贞吉，以正邦也。

荀爽曰：谓五当尊位正。居是，群阴顺从，故能正邦国。

疏　五当尊位，而又得正，故『贞吉』。坤众为邦，乾来居之，群阴顺从，故能『正邦』。

蹇之时用大矣哉！

虞翻曰：谓坎月生西南而终东北，震象出庚，兑象见丁，乾象盈甲，巽象退辛，艮象消丙，坤象穷乙，丧灭于癸，终则复始，以生万物，故『用大矣』。

疏　此据纳甲言也。坎月生西南而终东北，出庚见丁盈甲，退辛消丙，穷乙灭癸。《参同契》曰『五六三十度，度竟复更始』，故云『终则复始』。终始循环，以生万物，故用大也。

愚案：艮『动静不失其时』，故言『时』。蹇难之时，人小其用，不知『二多功』，五『正邦』，又初变则成既济定，象曰『待时』，故曰『蹇之时用大矣哉』。

解卦

【原典】

解，险以动，动而免乎险，解①。解，利西南，往得众也；其来复吉，乃得中也；有攸往，夙吉，往有功也②。天地解而雷雨作，雷雨作而百果草木皆甲宅，解之时大矣哉③！

【精注】

①解：下坎为险、上震为动之象，险能动则解难而脱险。②这句话从舒解险难当施益于众、无险即归于适中之道、有险速解可建功三个角度，来解释卦辞『利西南』『其来复吉』『有攸往，夙吉』的含义。③这句话中上震为雷、

下坎为雨之象，以天地舒解、雷雨兴作、草木舒展为例，广喻事物『舒解』之时的情状，揭示『舒解』之时的宏大功效。

【今译】舒解，遇险而行动，行动了就可以免除危险，这就是舒解。舒解险难，利于西南众庶之地，说明前往解难必将获得众人拥护；返回安居可获吉祥，说明速往解难必能建功。天地舒解雷雨就会兴起，雷雨兴起百果草木就会舒展萌芽生长，舒解之时的功效是多么宏大啊！

【集解】

《象》曰：解，险以动，动而免乎险，解。

虞翻曰：险，坎。动，震。解二月，雷以动之，雨以润之，物咸孚甲，万物生震。震出险上，故『免乎险』也。

疏 『险』谓内坎，『动』谓外震。解于消息，候在二月，《汉书·五行志》：『雷以二月出。』『雷以动之，雨以润之』，《说卦》文。春分雷动地中，下坎为雨也。《礼·月令》：『其日甲乙。』郑注『万物皆解孚甲，自抽轧而出』，故云『物咸孚甲』。《说卦》曰『万物出乎震』，故云『万物生震』。震为出，震动而出险上，坎解为雨，故『免乎险』也。

解，利西南，往得众也。

荀爽曰：乾动之坤而得众，西南众之象也。

疏 卦自临来，初阳乾爻，动之四坤，故曰『往得众』。坤位西南，故云『众之象也』。

无所往。

荀爽曰：阴处尊位，阳无所往也。

疏 『阴处尊位』谓五，『阳无所往』谓二也。

其来复吉，乃得中也。

荀爽曰：来复居二，处中成险，故曰『复吉』也。

疏 阳无所往，故『来复居二』。所处得中，虽险亦解，故曰『复吉也』。

有攸往夙吉，往有功也。

荀爽曰：五位无君，二阳又卑，往居之者则吉。据五解难，故『有功也』。

疏 阳实阴虚，五阴位虚，故「无君」。二阳位卑，往居于五，得位则吉。二往据五，坎难已解，「五多功」，故「有功也」。

天地解而雷雨作。

荀爽曰：谓乾坤交通，动而成解。卦坎下震上，故「雷雨作」也。

疏 临初阳之四，是临乾解坤，故谓「乾坤交通，动而成解」也。解坎雨在下，震雷在上，雷动而雨随之，故「雷雨作也」。

雷雨作而百果草木皆甲宅。

荀爽曰：解者，震世也。仲春之月，草木萌芽。雷以动之，雨以润之，日以炬之，故「甲宅」也。

疏 解，震宫二世卦，故云「解者，震世也」。《月令》：「仲春之月，雷乃发声。」雷出则万物随之而出，故「仲春之月，草木萌芽」也。震动坎润，互日以炬，故「甲宅也」。

案：乾盈数为「百」，木果为「果」，故曰「百果」。震者木德，又为草莽，故曰「草木」。郑注云：「皮曰甲，根曰宅。宅，居也。」《说文》「甲，东方之孟，阳气萌动，从木载孚甲之象。」离刚在外，故为「甲」。艮为居，故为「宅」。万物出乎震，百果草木甲宅之象也。

解之时大矣哉！

王弼曰：无所而不释也。难解之时，非治难时也，故不言用也。体尽于解之名，无有幽隐，故不曰义也。

疏 「所」，注疏本作「圻」，唯毛晋汲古阁本与此同作「所」，是也。言自天地至百果草木，无所不解释也。难已解矣。故「不言用」。体无隐矣，故「不言义」。独言「时大」者，解之时，震时也。万物出乎震，故曰「时大」。

损卦

【原典】损，损下益上，其道上行①。损而有孚，元吉，无咎，可贞，利有攸往②。曷之用？二簋可用享。二簋应有时，损刚益柔有时③。损益盈虚，与时偕行④。

【精注】①上艮为阳能止于上，下兑为阴能悦而顺其上，有损下益上之象，其旨在于奉上而行，以释卦名。②「损」、「有孚」

之间加『而』字，揭示有信是损道之根本，以释其下『元吉，无咎，可贞，利有攸往』，此『四善』均因『有孚』而得。孚：信。③这两句话说明施行『减损』必须适时，不论以『二簋淡食』奉上，还是损下之刚以益上之柔，均当顺『时』而不滥为，以解释卦辞『曷之用，二簋可用享』的意思。④总说此卦揭示『损益』之道在适时的意义。

【今译】

减损，是说减损于下而增益于上，其道理是下者要奉献于上者。减损之时能心存诚信，就会吉祥，没有祸害，可以守持正固，利于有所前往。怎样体现减损之道呢？两簋淡食就足以奉献给尊者及神灵。奉献两簋淡食必须应合其时，减损在下之阳刚而增益居上之阴柔也要适时。事物的减损增益或盈满亏虚，都是自然界的普遍规律。

【集解】

《彖》曰：损，损下益上，其道上行。

蜀才曰：此本泰卦。

案：坤之上六，下处乾三，乾之九三，上升坤六，损下益上者也。阳德上行，故曰『其道上行』也。

疏 卦自泰来，故云『此本泰卦』。外坤上六之乾三，内乾九三之坤六，故云『损下益上』。以九居上，故云『阳德上行』。乾为道，震为行，故『其道上行』也。此云三之上，虞云初之上，当从虞义。

损而有孚。

荀爽曰：谓损乾之三，居上孚二阴也。

疏 损乾之三，上居坤六。下孚二阴，故曰『有孚』。

元吉，无咎。

荀爽曰：居上据阴，故『元吉无咎』。以未得位，嫌于咎也。

疏 以乾初元阳，上居于坤，下据二阴，故『元吉』。未得位，嫌于有咎。元吉，故『无咎』也。

可贞。

荀爽曰：少男在上，少女虽年尚幼，必当相承，故曰『可贞』。

疏 少男居少女之上，以女承男，故曰『可贞』。

利有攸往。

荀爽曰：谓阳利往居上。损者，损下益上，故利往居上。

疏 往居上。损下之阳，以益上阴，故『阳利往居上』也。

曷之用？二簋可用享。

荀爽曰：『二簋』谓上体二阴也。上为宗庙。簋者，宗庙之器，故可享献也。

疏 阴虚能受，故『二簋谓上体二阴也』。爻位上为宗庙。簋者，宗庙之祭器，故『可用享』也。又王弼注：『曷，辞也。曷之用，言何用丰为也。二簋，质薄之器也。行损以信，虽二簋可用享。』

二簋应有时。

虞翻曰：『时』谓春秋也。损二之五，震二月，益正月，春也。损七月，兑八月，秋也。谓『春秋祭祀，以时思之』。艮为『时』，震为『应』，故『应有时』也。

疏 『时谓春秋』者，谓春禘秋尝也。损二之五成益内体震，震，四正卦，值春二月，益于消息为正，月卦，故云『春也』。损于消息为七月卦，内体兑，兑，四正卦，值秋八月，故云『秋也』。『春秋祭祀，以时思之』，《孝经》文。《祭义》曰『春禘秋尝，霜露既降，君子履之，必有凄怆之心，春露既濡，君子履之，必有怵惕之心，如将见之』，此『以时思之』之事也。《艮·象》曰『动静不失其时』，故『为时』。震巽『同声相应』，故『为应』。上之三成既济，六爻有应，故『应有时』也。

损刚益柔有时。

虞翻曰：谓冬夏也。二五已易成益，坤为柔。谓损益上之三成既济，坎冬离夏，故『损刚益柔有时』。

疏 『谓冬夏』者，体成既济也。二五易位，体已成益，益互坤为柔。损上九之刚，益六三之柔，体成既济，坎北属冬，离南属夏，故『损刚益柔有时』也。

损益盈虚，与时偕行。

虞翻曰：乾为『盈』，坤为『虚』，损刚益柔，散『损益盈虚』。谓泰初之上，损二之五，益上之三，变通趋时，故『与时偕行』。

疏 月十五，乾盈于甲，故『乾为盈』。月虚为晦，坤丧乙灭癸，故『坤为虚』。损乾刚以益坤柔，故曰『损益盈虚』。泰初之上成损，损二之五成益，益上之三成既济。《系辞下》曰『变通者，趋时者也』，唯其变通，故『与时偕行』。

益卦

【原典】益，损上益下，民说无疆，自上下下①，其道大光。『利有攸往』，中正有庆。『利涉大川』，木道乃行。益动而巽，日进无疆。天施地生，其益无方②。凡益之道，与时偕行。

【精注】①下下：前一『下』为动词，指深入。后一『下』用作名词，即下层，民间。②无方：指不分种类，不分地域，一视同仁。

【今译】益卦，高贵上层有所减损，来使卑贱下层有所增益，广大民众内心无比喜悦。恩惠自上而下广泛施向民间，这种体恤下情的精神必定会大放光芒。『利于有所往』，是因为保持中庸之道，采取了不偏不倚的公正态度，所以前去行事必定会带来吉庆安宁。『利于渡河涉水』，就是说借助于舟楫和桥梁的便利，前进的道路将会畅通无阻。增益过程由雷霆般的主动进取与微风般的温和谦让组成，并且与日俱增，没有限量。就好比上天泽润万物，大地生育万物一样，这种增益活动不受地域限制，遍及四面八方。总的来看，减损高贵一方使卑下者受益的关键所在，就是要掌握时机酌情进行。

【集解】**《彖》曰：益，损上益下。**

蜀才曰：此本否卦。案：乾之上九下处坤初，坤之初六，上升乾四，『损上益下』者也。

疏 卦自否来，故『此本否卦』。否乾上九之坤初，初六升乾四，损上阳以益下阴，故为益。

民说无疆。

虞翻曰：上之初，坤为无疆，震为喜笑。『以贵下贱，大得民』，故『说无疆』矣。

疏 益本否上之初。《坤·象》曰『德合无疆』。否初坤，故『坤为无疆』。震春为喜，震『笑言哑哑』为笑，喜笑故为说。否上之初为『贵下贱』。坤众为民，故『大得民』。明王之道，志在惠下，故『民说无疆』矣。

自上下下，其道大光。

虞翻曰：乾为大明，以乾照坤，故『其道大光』。或以上之三，离为大光矣。

疏 《乾·象》曰『大明终始』，故『乾为大明』。否乾在上坤在下，故曰『以乾照坤』。乾为天道，故曰『其道大光』。三上失位，故『或以上之三』成离，『离为大光』，义亦可通。

愚案：否乾上九下居坤初，自初至五有离象，离日为光，『天道下济而光明』，故曰『自上下下，其道大光』。

利有攸往，中正有庆。

虞翻曰：中正谓五，而二应之，乾为庆也。

疏 五居中得正，故『中正谓五』扩而二以中正应之，故『利有攸往』。阳为庆，五体乾阳，故『乾为庆也』。

利涉大川，木道乃行。

虞翻曰：谓三动成涣，涣，舟楫象，巽木得水，故『木道乃行』也。

疏 三失位，动则成涣，涣有舟楫之象，以巽木而得坎水，又内震行，故曰『木道乃行也』。

益动而巽，日进无疆。

虞翻曰：震三动为离，离为『日』，巽为『进』，坤为『疆』，日与巽俱进，故『日进无疆』也。

疏 震，动也。三失位，动而成离，『离为日』，《说卦》文。巽为进退，故『为进』。『坤为疆』当脱『无』字。坤为地，故『无疆』。以离日与巽俱进，而卦自否来，又本互坤，故『日进无疆也』。

天施地生，其益无方。

虞翻曰：乾下之坤，震为出生，万物出震，故『天施地生』。阳在坤初为无方，『日进无疆』故『其益无方』也。

疏 乾交坤为施，否乾上下之坤初，故曰『天施』。『帝出乎震』，故为出。震春为生，又月三日『哉生明』，亦为生。『万物出乎震』，《说卦》文。万物资始于乾而资生于坤，故曰『天施地生』也。《坤·文言》曰『至静而德方』，故『阳在坤初为无方』。惟其『日进无疆』，是以『其益无方』。此损上益下，所以为益也。

凡益之道，与时偕行。

虞翻曰：上来益三，四时象正。艮为『时』，震为『行』，与损同义，故『与时偕行』也。

疏 三上易位成既济，故云『上来益三』也。益震为春，损兑为秋，既济坎冬，离夏，故『四时象正』也。艮『动静不失其时』，故『为时』。震作足，故『为行』。『与损同义』者，《损·彖》曰『损益盈虚，与时偕行』，虞彼注云『损二之五，益上之三』。变通趋时，故与时偕行』，是其义也。

夬卦

【原典】夬，决也，刚决柔也，健而悦，决而和。『扬于王庭』，柔乘五刚①也。『孚号有厉』，其危乃光也。『告自邑，不利即戎』，所尚乃穷②也。

【精注】①柔乘五刚：指卦中一阴位于五阳之上。②所尚乃穷：指上六处在上位的日子快穷尽了。

【今译】夬，就是决断的意思，是阳刚冲决阴柔。卦的性质为刚健而和悦，虽然决断但能和同。『扬于王庭』，是指一柔阴反居于五刚阳的上面。『孚号有厉』，是说小人得势，暗藏着危机。『告自邑，不利即戎』，是因为柔阴在上位的日子快完了。

【集解】**《彖》曰：夬，决也。刚决柔也。**

虞翻曰：乾决坤也。

疏 乾刚决去坤柔也。郑云『以渐消去小人，故谓之决』，是决有去义也。

健而说，决而和。

虞翻曰：健，乾。说，兑也。以乾阳获阴之和，故『决而和』也。

疏 《说卦》：『乾，健也』，『兑，说也』。故云『健，乾。说，兑也』。乾阳过刚，获兑阴之和，则刚柔相济，故『决而和也』。

扬于王庭，柔乘五刚也。

王弼曰：刚德齐长，一柔为逆，众所同诛而无忌者也，故可『扬于王庭』。

疏 自初至五皆阳，故云『刚德齐长』。孤阴在上，故云『一柔为逆』。以五阳诛一阴，是『众所同诛』。诛而无忌，『故可扬于王庭』。《正义》云：此因一阴而居五阳之上，释行决之法，言所以得显。然『扬于王庭』者，只谓『柔乘五刚也』。

孚号有厉，其危乃光也。

荀爽曰：信其号令于下，众阳危。去上六，阳乃光明也。

干宝曰：夬九五则『飞龙在天』之爻也。应天顺民，以发号令，故曰『孚号』。以刚决柔，以臣伐君，君子危之，故曰『有厉』。德大而心小，功高而意下，故曰『其危乃光也』。

疏 荀注：『信其号令于下』者，谓五孚众也。阳为阴掩，五统众阳危去上六，阳乃光明，故曰『其危及光也』。

干注：夬九五即乾五也，故云『飞龙在天之爻』。圣人而在天子之位，故云『应天顺民，以发号令』。刚正明信，以宣其令，故曰『孚号』。以刚去柔，犹以臣伐君，如武王伐纣是也。故『君子之危之』，而曰『有厉』也。然武王之德既大而心自小，功虽高而志益下，故曰『其危乃光也』。

告自邑。

翟玄曰：坤称邑也。

干宝曰：殷民告周以纣无道。

疏 翟注：旁通剥坤，故称邑。

干注：《书·武成》曰『天休震动，用附我大邑周』，故云『殷民告周以纣无道』，而云『告自邑』也。

不利即戎，所尚乃穷也。

荀爽曰：不利即尚兵戎，而与阳争必困穷。

疏 夬上即复也，复上六曰『用行师，终有大败』以阳息之卦，阴道而负，故『不利即尚兵戎而与阳争』。争则必困，故曰『所尚乃穷也』。

姤卦

【原典】

姤，遇也，柔遇刚也。① 「勿用取女」，不可与长也。② 天地相遇，品物咸章也③，刚遇中正，天下大行也。④ 姤之时义大矣哉！

【精注】

①柔遇刚：姤卦下巽上乾，柔，指初六爻这个阴爻；刚，指二、三、四、五、上这五个阳爻。②不可与长：不可与之长久相处。③天地：指阴阳二气。品物：各类事物，万物。章：彰显。④刚遇中正：刚，指九五爻，此爻位居上卦之中，阳爻处阳位，所以是遇中处正。

【今译】

姤，指相遇，具体而言，指阴柔遇到阳刚，而相应相合。『不宜娶此女为妻』，是由于不可与行为不端的女子长久相处。然而天地阴阳二气相互遇合毕竟是正常现象，因此只要双方相遇，万物的化育生长就能显现出来，成长壮大；阳刚遇中处正，其理想抱负必将畅行于天下。可见，相遇的时间因素实在是太重要了！

【集解】

《彖》曰：姤，遇也，柔遇刚也。勿用取女。

郑玄曰：姤，遇也。一阴承五阳广女当五男，苟相遇耳，非礼之正，故谓之『姤』。『女壮』如是，壮健以淫，故不可娶，妇人以婉娩为其德也。

疏《谷梁传》曰『不期而会曰遇』，姤女以不期而会男，故曰『遇也』，夬阴极于上，历乾而生姤阴，故曰『柔遇刚也』。『一阴一阳之谓道』，初为长女，以一阴上承五阳，是以一女而当五男，失乎从一而终之义，故云『苟相遇耳』。遇非其正，故谓之『姤』。『女壮』不守乎礼，是『壮健以淫，故不可娶』也。《内则》曰『女子十年不出，姆教婉娩听从』，郑彼注云『婉谓言语也，娩之言媚也，媚谓容貌』。又郑注《周礼·九嫔》四德『妇容』云『妇容谓婉娩』，故『妇人以婉娩为其德也』。

不可与长也。

王肃曰：女不可取，以其不正，不可与长久也。

疏 以六居初，失位不正。故『女不可取』者，以其始不正，不可与长久也。

天地相遇，品物咸章也。

荀爽曰：谓乾成于巽而舍于离。坤出于离，与乾相遇。南方夏位，万物章明也。

《九家易》曰：谓阳起子，运行至四月，六爻成乾。巽位在巳，故言『乾成于巽』。既成，转舍于离。万物皆盛大，坤从离出，与乾相遇，故言『天地遇』也。

疏 《九家》即申荀说也。一阳起于子，历六爻，至四月成乾。巽巳同宫，故云『巽位在巳』。至巳成乾，故『谓乾成于巽』。乾象既成，一阴复生于午，而为姤。午，南方离位也。故谓『既成，转舍于离』。阳极阴生，故云『坤从离出，与乾相遇』。以坤一阴遇乾五阳，故曰『天地相遇』。姤生于午，正南方，夏位，万物盛大之时。离为明，『万物皆相见』，故『章明也』。

刚遇中正，天下大行也。

翟玄曰：刚谓九五，遇中处正，教化大行于天下也。

疏 五为卦主，以九居五，得中得正，故『刚谓九五，遇中处正』也。巽『申命行事』，乾为天，伏坤为下，伏震为行，故『教化大行于天下也』。

姤之时义大矣哉！

陆绩曰：天地相遇，万物亦然，故其义大也。

疏 天地相遇，而后化育成万物。亦相遇而后生长遂。《谷梁传·庄公二年》曰『独阴不生，独阳不生』，故『姤之时义大矣哉』。姤具四时，故称『时义』。详见下《彖辞》『四方』虞注。姤午复子，巽秋震春，即四时也。

萃卦

【原典】萃，聚也。顺以说，刚中而应，故聚也。[1]『王假有庙』，致孝享也；『利见大人，亨』，聚以正也[2]。利贞。『用大牲吉，利有攸往』，顺天命也。观其所聚，而天地万物之情可见矣。

【精注】

①顺以说：萃卦下坤上兑，顺，指下卦坤，坤为顺；说，即悦，指上卦兑，兑为悦。刚中：指九五爻阳刚居上卦中位。

②致孝享：向祖先表达孝意和诚心。致，表达。享，奉献。

【今译】

萃，就是聚积的意思。具体而言，指顺应事理，取悦人心，阳刚居尊处上能够持守中道并应合于下，所以就能广聚众物，团结大众。『君王来到宗庙祭祀』，这是对祖先表达孝敬和诚心；『利于大德大才之人出世，亨通顺利』，是由于大德大才之人团结聚积必能持守正道；『用大牲祭祀，必获吉祥，利于前往出行』，是告诫人们聚积必须顺从天命。观察会聚现象，天地万物的情状就可以明白了！

【集解】

《彖》曰：萃，聚也。顺以说，刚中而应，故聚也。

荀爽曰：谓五以刚居中，群阴顺说而从之，故能聚众也。

疏 坤顺兑说，故曰『顺以说』。五以刚居中，二率群阴，顺说而从，故曰『刚中而应』。坤众为聚，故能聚众也。

王假有庙。

陆绩曰：王，五。庙，上也。王者聚百物，以祭其先，诸侯助祭于庙中。假，大也。言五亲奉上矣。

疏 五位天子，故王谓『五』。《乾凿度》曰『上为宗庙』，故庙谓上也。言王者聚物祭先，诸侯助祭，故萃有庙象也。『假，大也』，《释诂》文。五近承上，若言五亲奉上矣。

致孝享也。

虞翻曰：享，享祀也。五至初有观象，谓享坤牛，故致孝享矣。

疏 『享，享祀也』者，祭祀也。五至初有观象，『观，盥而不荐』，明堂郊祀之卦也。郊禘用茧栗，故『享坤牛』。唯圣人为能飨帝，唯孝子为能飨亲，故『致孝享矣』。

利见大人，亨，聚以正也。

虞翻曰：坤为聚，坤三之四，故『聚以正也』。

疏 坤众为聚，三四失位，变之正，故『聚以正也』。

利贞。

《九家易》曰：五以正聚阳，故曰『利贞』。

疏 五位得正，阳正则阴聚，故曰『利贞』。

案：诸本《彖传》无『利贞』字，唯此本有之。

用大牲吉，利有攸往，顺天命也。

虞翻曰：坤为『顺』，巽为『命』，三往之四，故『顺天命也』。

疏 内坤为『顺』，互巽为『命』，五乾为『天』，三往之四，上承五天，故曰『顺天命也』。

观其所聚，而天地万物之情可见矣。

虞翻曰：三四易位成离坎，坎月离日，日以见天，月以见地，故『天地之情可见矣』。与大壮、咸、恒同义也。

疏 三四易位有离坎象，离日见天，坎月见地。『悬象著明，莫大乎日、月』，『离也者，明也，万物皆相见』，故『天地万物之情可见』。不言『万物』，脱文也。大壮四之五，咸四之初，恒初二已正，四五复位，皆有离坎象，故云『同义也』。

升卦

【原典】

柔以时升①，巽而顺，刚中而应，是以大「亨」。②「用见大人勿恤」，有庆也③。「南征吉」，志行也。

【精注】

①柔以时升：柔，指上下卦均为阴卦；以，因。②巽而顺：升卦下巽上坤，巽，即逊和，指下卦巽，巽义顺，顺在这里是逊和的意思；顺，指上卦坤，坤义顺。③庆：吉庆，安宁。

【今译】

升在卦象上表现为循沿阴柔之道适时上升，它所昭显的是：逊和而又柔顺，阳刚居中而又能向上应合于尊者，所以最为『亨通』。『利于会见大德大才之人，不必有什么忧虑』，是指将有吉庆的事情出现。『向南方兴兵征战，必获吉祥』，是因为上升的志向可以如愿而行。

【集解】《象》曰：**柔以时升**。

虞翻曰：柔谓五，坤也。升谓二。坤邑无君，二当升五虚。震兑为春秋，二升坎离为冬夏，四时象正，故『柔以时升』也。

疏 乾刚坤柔，故『柔谓坤五也』。二当升，故『升谓二』。坤地称邑，又臣道，故『坤邑无君』。阴实阴虚，故『二升五虚』。六五『贞吉升阶』，阴为阳阶，使二升五，是『柔以时升』之义也。体互震兑，震春兑秋。二升五，体有离坎，离夏坎冬。四时体正，故『柔以时升』。

愚案：升反萃也。萃坤升上为升，故曰『柔以时升』。

巽而顺，刚中而应，是以大亨。

荀爽曰：谓二以刚居中则来应五，故能大亨，上居尊位也。

疏 内体巽，外体坤，《说卦》：『坤，顺也。』故曰『巽而顺』。二以刚居下中，上应于五阳为大，故『大亨』。五为尊，故『上居尊位也』。

用见大人勿恤，有庆也。

荀爽曰：大人，天子，谓升居五见为大人。群阴有主，无所复忧，而『有庆也』。

疏 王肃曰『大人，圣人在位之目』，故谓『大人为天子』。二升五位，坤为『用』，离为『见』，故『用见大人』。坤虚无君，二升居之，故『群阴有主』。『勿恤』，故『无所复忧』。阳为『庆』，坤有阳，故『有庆也』。

南征吉，志行也。

虞翻曰：二之五，坎为志，震为行。

疏 二之五变体坎，坎心为『志』，互体震，震足为『行』，故曰『志行也』。

困卦

【原典】困，刚弇也①。险以说，困而不失其所，『亨』，其唯君子乎！②『贞大人，吉』，以刚中也③。『有言不信』，尚口乃穷也④。

【精注】①刚弇：困卦下坎上兑，而坎为阳卦，兑为阴卦，阳下而阴上，呈阳刚被遮而不能伸之象。②险以说：险，指下卦坎，坎为险；说即悦，指上卦兑，兑为悦。③刚中：指九二爻和九五爻阳刚居中。④尚口：崇尚多言巧辩。口，指论辩，言说。

【今译】困，象征困穷，它的卦象是阳刚被阳柔掩压。身处险境而仍然欢快欣悦，说明虽然困穷仍然不失其操守，追求『亨通顺利』的前景，恐怕只有德才兼备的君子才能如此吧！『占问，大德大才之人可获吉祥』，是因为阳刚君子具有居中守正的美德；身处困境『即使有言相说也不被相信』，是因为崇尚多言巧辩不仅于事无补，反而会使自己更加困穷。

【集解】

《象》曰：困，刚弇也。

荀爽曰：谓二五阴所弇也。

疏 二五皆承柔，故『为阴所弇也』。又否二之上，弇五之刚，故为困。

险以说。

荀爽曰：此本否卦，阳降为险，险升为说也。

疏 卦自否来，上阳降二为坎险，二险升上为兑说，故曰『险以说』。

困而不失其所亨，其唯君子乎。

荀爽曰：谓二虽弇阴陷险，犹不失中，与正阴合，故通也。喻君子虽陷险中，不失中和之行也。

疏 言二虽弇于三险，陷于坎中，犹不失中，上下与二阴合成坎，坎为通，故通也。喻君子虽陷坎险之中，不失中和之行，故亨也。

愚案：坎险故困，兑说故不失所亨。

贞大人吉，以刚中也。

荀爽曰：谓五虽弇于阴，近无所据，远无所应。体刚得中，正居五位，则『吉无咎』也。

疏 言五虽弇于上阴，四阳故「近无所据」，二阳故「远无所应」。九为体刚，五为得中，以九居五为「正居五位」。得中得正，故「吉无咎」。《洪范》所谓「用静吉」也。

有言不信，尚口乃穷也。

虞翻曰：兑为「口」，上变口灭，故「尚口乃穷」。

荀爽曰：阴从二升上六，成兑为「有言」，失中为「不信」。动而乘阳，故曰「尚口乃穷也」。

疏 虞注：「兑为口」，《说卦》文。「灭」下当脱「乾」字，否上变成兑口，灭乾信，故「尚口乃穷」，卦穷于上也。

荀注：二阴升上成兑口为「有言」，下失二中为「不信」。动而上乘五阳，故「尚口乃穷也」。

井卦

【原典】

巽乎水而上水，井①，井养而不穷也。「改邑不改井」，乃以刚中也②。无丧无得，往来井井。「汔至，亦未繘井」，未有功也。「羸其瓶」，是以凶也。

【精注】

①巽乎水而上水：井卦下巽上坎，巽即顺，指下卦巽，巽义顺；水，指上卦坎，坎为水。②刚中：指九二爻和九五爻，此二爻阳刚而分别处于上下卦之中位。

【今译】

井在卦象上表现为顺沿水性向下挖掘而引水向上，开出的便是水井；井以水养人而用之不竭。「邑落改变而水井不能迁移」，是由于君子具有阳刚居中守正的美德；「众人来到井边汲水而水将枯竭也无人淘井」，则无法实现井水养人的功用；「毁坏水瓶」，就没有办法打水，所以是凶险之象。

【集解】

《象》曰：巽乎水而上水，井。

荀爽曰：「巽乎水」，谓阴下为巽也。「而上水」，谓阳上为坎也。木入水也，井之象也。

疏 《庄子》：『桔槔者，引之则俯，舍之则仰。』巽，入也，俯则巽乎水，仰则上水也。故曰『巽乎水而上水』。泰五之初，故谓『阴下为巽』。初之五，故谓『阳上为坎』。巽为入，故『木入』。坎为通，故『水出』。辘轳汲水，『井之象也』。

井养而不穷也。

虞翻曰：兑口饮水，坎为通，往来井井，故『养不穷也』。

疏 互兑为口，上承坎水，饮水之象，坎为通，往来不穷，故『往来井井，养不穷也』。《系辞下》曰『井居其所而迁』，韩彼注云『井所居不移，而能迁其施』，故『养不穷也』。

改邑不改井，乃以刚中也。

荀爽曰：刚得中，故为『改邑』。柔不得中，故为『不改井』也。

疏 泰初之五，刚得中位，故为『改邑』。五之初，柔不得中，故『不改井』。惟刚居尊位，故能不失初阳，是以五『改邑』，并及初『不改井』也。

无丧无得。

荀爽曰：阴来居初，有实为『无丧』，失中为『无得也』。

疏 泰五阴来居井初，五阳『有实为无丧』，初阴『失中为无得』。

往来井井。

荀爽曰：此本泰卦，阳往居五，得坎为井，阴来在下亦为井，故曰『往来井井』也。

疏 泰初阳往居于五，成坎为井。五阴来居于初，在下亦为井。阳往阴来，皆有井象，故曰『往来井井』。

案：王弼本《彖传》无此二句。

汔至，亦未繘井。

荀爽曰：汔至者，阴来居初，下至汔竟也。繘者，所以出水通井道也。今乃在初，未得应五，故『未繘』也。繘者，绠汲之具也。

疏 汔至者，五阴来居于初，下至尽境，故『下至汔竟也』。繘，所以出水通井。今居初，在五应外，未得应五，故『未繘』也。余已详前《疏》。

未有功也。

虞翻曰：谓二未变应五，故曰『未有功也』。

疏 五多功，二失正，未变应五，故『未有功』。

羸其瓶，是以凶也。

荀爽曰：井谓二，瓶谓初。初欲应五，今为二所拘羸，故凶也。

孔颖达曰：计覆一瓶之水，何足言凶。但取喻人德行不恒，不能善始令终，故就人言之，凶也。

疏 荀注：二应五坎，故『井谓二』。初应四离，故『瓶谓初』。初自五来，故『欲往应五』。初不得位，又为不正之二所拘羸，故凶也。

孔注：即小喻大。故覆一瓶之水，未足言凶。若人之德行不恒，不能善始令终，而有羸瓶之象，则凶也。

案：初二失正，变成既济定。不变则既济之功不成，瓮敝行恻，无王明受福之事，故凶也。

革卦

【原典】革，水火相息，二女同居，其志不相得，曰革。『己日乃孚』，革而信之。文明以说，大亨以正，革而当，其悔乃亡。天地革而四时成，汤武革命[1]，顺乎天而应乎人，革之时大矣哉！

【精注】①汤武革命：汤指商汤，武指周武王。革命，进行变革以应天命，在此指改朝换代。

【今译】革卦，水火不容而相互克制，二女同居一室，心志不相同而相互克制，所以叫革。『己日乃孚』，是说变革之后而能得到百姓的信任。革卦的性质是文明以悦，所以能以中正之德来保持大为亨通。变革而恰当，就会没有悔吝。天地不断变革而形成四季的气候，汤武伐纣改朝换代，上顺应于天命，下符合人心，变革时机的掌握意义真大啊！

【集解】

《象》曰：革，水火相息。

虞翻曰：息，长也。离为火，兑为水，《系》曰「润之以风雨」，风，巽，雨，兑也。四革之正坎见，故独于此称水也。

疏 乾坤相为消息，故云「息，长也」。「离为火」，《说卦》文。兑坎象半见于上，故「为水」。《周语》：「泽，水之所钟也。」故又为泽。「润之以风雨」，《系辞上》文。《说卦》曰「风以散之，雨以润之」。故巽为风，而兑为雨也。此不称泽，称雨者，以四革之正，坎象两见，故称水也。

愚案：「息」《说文》作「熄」，马君云「息，灭也」。水火相克，故曰「相息」，义亦可通。

二女同居，其志不相得，曰革。

虞翻曰：二女，离兑，体同人象，蒙艮为「居」，故「二女同居」。四变，体两坎象，二女有志，离火志上，兑水志下，故「其志不相得」，坎为「志」也。

疏 离中女，兑少女，故「二女谓离兑」也。初至五体同人，故曰「同」。旁通蒙，蒙外艮，艮门阙为「居」，故「二女同居」。四变正，有两坎象，女各有志，故「二女有志」。火曰炎上，故「离火志上」。水曰润下，故「兑水志下」。上下异志，故「不相得」。坎心，故「为志也」。

己日乃孚，革而信之。

干宝曰：天命已至之日也。乃孚，大信著也。武王陈兵孟津之上，诸侯不期而会者八百国，皆曰「纣可伐矣」，武王曰「尔未知天命，未可也」，还归。二年，纣杀比干，囚箕子，周乃伐之，所谓「己日乃孚，革而信」也。

疏 「己日」者，天命已至之日也。「乃孚」者，大信著于天下也。「武王陈兵」云云，说本《史记》，引之以明「己日乃孚，革而信也」。举武，所以该汤也。

愚案：「己日」谓二，孚谓五。二与四同功，又与五相应。至四已过离日，乃革而反正。五成坎，孚为信，故「革而信之」矣。

文明以说，大亨以正，革而当，其悔乃亡。

虞翻曰：『文明』谓离，说，兑也，『大亨』谓乾。四动成既济定，故『大亨以正』。革而当位，故『悔乃亡』也。

疏 坤为文，离中自坤来，故『文』。离向明，故『文明谓离』。『兑以说之』，故『说谓兑』也。『乾元者，始而亨者也』，故『大亨谓乾』。乾四『乾道乃革』，当革而变正，革四动成既济定，六爻皆正，故『大亨以正』。四失位宜悔。动得正，故『革而当位，其悔乃亡也』。

天地革而四时成。

虞翻曰：谓五位成乾为『天』，蒙坤为『地』。震春兑秋，四之正，坎冬离夏，则四时具。坤革而成乾，故『天地革而四时成』也。

疏 五体乾，故『谓五位成乾为天』。旁通蒙，互坤为地。蒙震为春，革兑为秋，四变之正，故『坎冬离夏』，是『四时象具』矣。蒙变而为革，故『坤革而乾成』。乾天坤地，故『天地革而四时成也』。

汤武革命，顺乎天而应乎人。

虞翻曰：『汤武』谓乾，乾为圣人。『天』谓五，『人』谓三，四动顺五应三，故『顺天应人』。巽为『命』也。

疏 乾为君，故『汤武谓乾』。五阳得位，故『乾为圣人』。五于三才为天位，故『天谓五』。三于三才为人位，故『人谓三』。四动得正，上承五，阴顺阳为『顺五』，下乘三，以阴应阳为『应三』，故『顺天应人』。巽申命为『命』，谓二至四互体巽也。孔疏云『王者相承，改正易服，皆有变革，而独举汤武者，盖舜禹禅让，犹或因循，汤武干戈，极其损益，故取相变甚者，明人革也』。

革之时大矣哉！

干宝曰：革天地，成四时，诛二叔，除民害，天下定，武功成，故『大矣哉』也。

疏 此承上文，总论革之时大。《象》言『汤武』，注独言『诛二叔』，举武以该汤也。

鼎卦

【原典】

鼎①，象也。以木巽火，亨饪也②。圣人亨以享上帝，而大亨以养圣贤。巽而耳目聪明，柔进而上行，得中而应乎刚，是以「元亨」。③

【精注】①鼎：古代烹煮食物的器具。鼎也象征着国家的权力。②亨：同烹。③高亨说：『「元」下当有「吉」字，转写脱去。经文曰：「元吉，亨」，传文亦当曰：「元吉，亨」，明矣。卦辞云「元吉，亨」者，元，大也；亨，通也。此言大吉而亨通也。』

【今译】鼎卦，是说此卦的形状好像古代烹饪食物的鼎。鼎的内卦为巽，巽下为木；外卦为离，离上为火。木柴被火燃烧，这就是烹饪食物的基本条件。而圣人烹饪食物以祭祀天帝，进而大规模地烹饪食物以供养圣贤，使他们谦顺辅佐君主，而君主就会耳聪目明，继而前进向上，得处中位又能够保持柔顺的美德，其前途必然不可限量，所以就十分亨通。

【集解】**《象》曰：鼎，象也。以木巽火，亨饪也。**

荀爽曰：巽入离下，中有乾象。木火在外，金在其内，鼎镬亨饪之象也。

虞翻曰：六十四卦皆观象系辞，而独于鼎言『象』，何也？『象事知器』，故独言『象』也。

《九家易》曰：鼎言『象』者，卦也木火，互有乾兑。乾金兑泽，泽者，水也。爨以木火，是鼎镬亨饪之象。亦象三公之位，上则调和阴阳，下而抚毓百姓。鼎能孰物养人，故云『象也』。牛鼎受一斛，天子饰以黄金，诸侯白金。三足以象三台，足上皆作鼻目为饰也。羊鼎五斗，天子饰以黄金，诸侯白金，大夫以铜。豕鼎三斗，天子饰以黄金，诸侯白金，大夫铜，士铁。三鼎形同。亨饪，煮肉。上离阴爻为肉也。

疏 荀注：巽木入离火之下，中互乾象。木火在外，乾金在内，鼎镬亨饪之象。《天官·亨人》：『掌共鼎镬，以给水火之齐。』是也。

虞注：『观象系辞』，《系辞上》文。李彼注云『言文王观六十四卦三百八十四爻之象而系属其辞』。『象事知器』，《系辞下》文。虞彼注云『象事谓坤，二为器。乾五之坤成象，故象事知器』。《书》曰『器非求旧维新』，故于鼎之取新言『象』也。

愚案：《左氏传·宣公三年》曰『铸鼎象物』，故曰『鼎，象也』。《九家》注：『木火互有乾兑』云云，即《郑注》义也。鼎三足，故『亦象三公之位』，谓太师太傅太保也。《书·周官》曰『惟兹三公，论道经邦，燮理阴阳』，故『上则调和阴阳，下则抚毓百姓』。鼎有孰物养人之用，故云『象也』。『牛鼎』云云，亦见《郊祀志》。伏坤故象牛鼎，互兑故象羊鼎，伏坎故象豕鼎。亨饪，煮肉也。上体离，阳为骨，阴为肉，故『阴爻为肉也』。

圣人亨以享上帝，而大亨以养圣贤。

虞翻曰：『圣人』谓乾。初四易位体大畜，震为帝，在乾天上，故曰『上帝』。体颐象，三动噬嗑食，故『以享上帝』也。『大亨』谓『天地养万物，圣人养贤，以及万民』。贤之能者称『圣人』矣。

疏 《乾·九五·文言》曰『圣人作而万物睹』，故『圣人谓乾』。六爻惟三得位，馀皆不正，变从初始，故『初四易位则体大畜』。大畜内体乾，互震为『帝』，在乾天上，故曰『上帝』。大畜三至上体颐象，三动体噬嗑食象，故『以享上帝』也。『天地养万物，圣人养贤，以及万民』，《颐·彖传》文。颐之所养者大，故取颐象以明『大亨』也。颐言『养贤』，鼎言『养圣贤』，贤次于圣，故曰『贤之能者称圣人矣』。

巽而耳目聪明。

虞翻曰：谓三也。三在巽上，动成坎离，有两坎两离象，乃称『聪明』。『日月相推而明生焉』，故『巽而耳目聪明』。『眇而视，不足以有明』，『闻言不信，聪不明』，皆有一离一坎象故也。

疏 内体巽。『谓三也』者，三在巽上，动成坎互离，有两坎离象。坎耳主聪，离目主明，故称『聪明』。『日月相推而明生焉』，《系辞下》文。离为日，坎为月，日月往来而明生，故巽上动有『耳目聪明』。『眇而视，不足以有明』，履六三《象传》文。三互离，故言明。不正，故不明。『闻言不信，聪不明』，夬九四《象传》文。四变成坎离，故言聪明。虞彼注云『坎耳离目，折入于兑，故「聪不明」也』。引之以明言聪明者，皆有坎离象故也。

柔进而上行，得中而应乎刚，是以元亨。

虞翻曰：『柔』谓五，得上中，应乾五刚。巽为『进』，震为『行』。非谓应二刚，与睽五同义也。

疏 卦有二柔，得中惟五，故『柔谓五』也。得中而不得正，故谓『上中』。与屯旁通，五为伏阳，故云『应乾五刚』。

屯巽为『进』，故曰『柔进』，震为『行』，故曰『上行』。三五皆失位，当变之正。五柔应二刚，为不义之应，故知应刚为应屯五乾刚，非应鼎二刚也。睽五应蹇五，故云『与睽五同义』。应乾五刚，『是以元亨』。

震卦

【原典】震，亨。「震来虩虩」，恐致福也。「笑言哑哑」，后有则也①。「震惊百里」，惊远而惧迩也。「不丧匕鬯」②，出可以守宗庙社稷，以为祭主也。

【精注】①后：君王。②不丧匕鬯：朱熹《周易本义》：「程子以为「迩也」下脱「不丧匕鬯」四字，今从之。」

【今译】震卦是讲中兴事业会亨通的。『雷声响起来很可怕，』是因为恐惧天象会得到福祉。『谈笑哑哑自若』，是君王自有原则。『雷声惊动百里以内』，是使远近的人都害怕。『不倾出勺子里的香酒』，出去可以守住宗庙社稷，做祭祀的主人。

【集解】

《彖》曰：震，亨。震来虩虩，恐致福也。

虞翻曰：惧变，承五应初，故『恐致福也』。

疏 四多惧，又失位，惧而变柔，上承五，下应初，初乾为『福』，故『恐致福也』。

笑言哑哑，后有则也。

虞翻曰：则，法也，坎为『则』也。

疏 《天官·冢宰》：『以八则治都鄙。』郑注『则，法也』。《孙卿子》：『水主量，必平似法。』故坎为法。亦为『则』，而『则』训法也。初应四，故『后有则也』。

震惊百里，惊远而惧迩也。

虞翻曰：『远』谓四，『近』谓初，震为『百』。谓四出惊远，初就惧近也。

疏 震以二阳爻为主，四在外，故『远谓四』。初在内，故『近谓初』。震为『百』，即从临二阴为百二十，举大数，故『为百』也。临二互震，震为山，自二出居于四为『惊远』。初本比二，今又之四为敌应，故『惧近也』。

不丧匕鬯，出可以守宗庙社稷，以为祭主也。

虞翻曰：谓五出之正，震为『守』，艮为『宗庙社稷』，长子主祭器，故『以为祭主也』。

干宝曰：周，木德震之正象也，为殷诸侯。殷诸侯之制，其地百里，是以文王『小心翼翼，昭事上帝，聿怀多福，厥德不回，以受方国』，故以百里而臣诸侯也。为诸侯，故主社稷。为长子，而为祭主也。祭礼荐陈甚多，而《经》独言『不丧匕鬯』者，匕牲体，荐鬯酒，人君所自亲也。

疏 虞注：『帝出乎震』，故曰『出』。五伏阳失位，出而变之正。震子继乾，世守为『守』。艮为门阙，又为鬼门，故为『宗庙社稷』。长子主器，器，祭器也。震巽相应，震春兑秋，坎冬离夏，春秋享祀，以时思之，故『以为祭主也』。

干注：《家语》：『周人以木德王。』故云『周，木德』。震东方为木德，故云『震之正象也』。周受殷封，地方百里。『小心翼翼』以下，《诗·大明》文，引之以明恐惧致福之意。《孟子》曰『文王以百里』，故云『以百里而臣诸侯也』。屯震『利建侯』，故『为诸侯，主社稷』。又长子主器，故『为长子，而为祭主也』。『祭礼荐陈甚多』以下，即前郑义也。

案：王肃云『有灵而尊者，莫若于天，有灵而贵者，莫若于王，有声而威者，莫若于雷，有政而严者，莫若于侯，是以天子当乾，诸侯用震。地不过一同，雷不过百里，政行百里，则匕鬯亦不丧，祭祀，国家大事，不丧，宗庙安矣，处则诸侯执其政，出则长子掌其祀』，义亦可通也。

艮卦

【原典】

艮，止也。时止则止，时行则行。动静不失其时，其道光明①。艮其止，止其所也。上下敌应，不相与也，是以不获其身，行其庭不见其人，无咎也②。

【精注】

①从『艮』到『其道光明』，揭示出抑止之道要适时而用，才能动静得当，而抑止的道理便因之而光明，用来解释卦名之意思。②止：止息。与：协助。

【今译】艮，指静止如山。其时应当抑止就抑止，应当前行就前行；或动或静不能违背适当的时机，抑止的道理就能光辉灿烂。止息于应当抑止之处，说明抑止适得其所。上下之间相互敌对，不能相互协助，所以就像不让身体朝向当止的私欲。犹如行走在庭院也两两相背，互不见对方所止的邪恶，这样抑止就不会有灾祸。

【集解】

《彖》曰：艮，止也。

虞翻曰：位穷于上，故止也。

疏 阳穷于上，无所复之，故止也。

时止则止，时行则行。

虞翻曰：『时止』谓上阳穷上，故止。『时行』谓三体处震为行也。

疏 艮，物之所成终而成始也，故曰『时』。『时止』者，谓一阳穷于上，故曰『时止』也。『时行』者，三体互震，震为行，故曰『时行』也。

动静不失其时，其道光明。

虞翻曰：『动』谓三，『静』谓上。艮止则止，震行则行，故『不失时』。五动成离，故『其道光明』。

疏 自观五之三，故『动谓三』。上不动，故『静谓上』也。艮阳止于上，时止则止，震阳动于下，时行则行，故『动静不失其时』。五动，时行也。动成离，为日为火，故『其道光明』也。

艮其止，止其所也。

虞翻曰：谓两象各止其所。

疏 内外两艮，各止其所而不迁。王氏云『易背曰止，以明背即止也』。

上下敌应，不相与也。

虞翻曰：『艮其背』，背也。两象相背，故『不相与』也。

疏 『艮其背』者，谓两象各止其所，相违背也。上下阴阳敌应，是为『两象相背』，故『不相与』。明《传》

解『艮其背』也。

是以不获其身，行其庭不见其人，无咎也。

案：其义已见爻辞也。

疏 其义已详爻辞，不再释。

渐卦

【原典】

渐之进也，女归吉也①。进得位，往有功也。进以正，可以正邦也②。其位刚得中也。止而巽，动不穷也③。

【精注】

①『渐之进也』：朱熹说『之字疑衍。』此句当为『渐，进也。』②自『进得位』至『可以正邦也』，以九五高居尊位之象，说明『渐进』而得位、得正，必可以『建功』『正邦』，以释卦辞『利贞』之义。③自『其位』至『动不穷也』，以九五阳刚居中而处尊位之象，及下艮为止、上巽为逊顺之象，说明事物有刚健中和、静止逊顺的美德，即可渐进而获益。

【今译】

渐就是渐进的意思，就像女子出嫁循礼渐行可获吉祥。君子能渐渐行进获得正位，说明前往必能建立功勋；渐渐行进而遵循正道，就可以端正邦国民心。事物能够渐居尊位，往往由于阳刚强健又有中和美德；只要静止不躁而又谦逊和顺，这样逐渐行动就永远不会困穷。

【集解】

《彖》曰：渐之进也，女归吉也。

虞翻曰：三进四得位，阴阳体正，故吉也。

疏 否三进四，各得其位，阴阳体正，坎离交为夫妇，故『女归吉也』。

进得位，往有功也。

虞翻曰：『功』谓五，四进承五，故『往有功』，巽为『进』也。

疏 『五多功』，故『功谓五』。否三进四得位，以阴承阳，故『往有功也』。巽为进退，故『为进』也。

进以正，可以正邦也。其位刚得中也。

虞翻曰：谓初已变为家人，四进已正而上不正，三动成坤为邦，上来反三，故『进以正，可以正邦。其位，刚得中』。与家人道正同义。三在外体之中，故称『得中』。《乾·文言》曰『中不在人』，谓三也。此可谓上变既济定者也。

疏初上不正当变，初变成家人。四自三进，其位得正。而上犹未反于正。三动互坤为邦，上与三应，三上易位，是『上来反三』。巽为进，故『进以正，可以正邦也』。三在六爻之中，又居外卦之内，故曰『其位，刚得中也』。家人道正，以三上易位，六爻皆正，而三亦得中，故云『同义』。『三在外体之中』者，言在内也。在内，故得称中。《乾·文言》曰『中不在人』，谓九三也。故知渐三为中也。初已变，待上再变，则六爻正，成既济定矣。

止而巽，动不穷也。

虞翻曰：止，艮也。三变，震为动。上之三据坤，动震成坎，坎为通，故『动不穷』。往来不穷谓之通。

疏 止，艮象也。『三变，震为动』，谓初已变，故三成震也。三已变互坤，上即之三据坤，则震动成坎矣。『坎为通』，《说卦》文。通，故『动不穷也』。『往来不穷谓之通』，《系辞上》文。引之以明通故不穷之义。

归妹卦

【原典】归妹，天地之大义也。天地不交，而万物不兴。归妹，人之终始也。说以动，所归妹也①。征凶，位不当也。无攸利，柔乘刚也②。

【精注】①从『归妹』到『所归妹也』，列举『天地』『万物』因阴阳结合而繁衍生息的例子，说明归妹的意义宏大，并举下兑为说、上震为动之象，谓因悦而动正可嫁出少女，来解释卦名。②从『征凶』到『柔乘刚也』，九二和六五爻均居位不当之象及六三以阴乘阳之象，来解释卦辞『征凶，无攸利』的意思。

【今译】嫁出少女，是天地阴阳的宏大意义。天地阴阳不相交，万物就不能生育繁殖；嫁出少女，是人类得以繁衍的起点。欣悦而能动，说明可以嫁出少女。往前进发将有凶险，说明置身处位不妥当；无所利益，说明阴柔乘凌阳刚之上。

【集解】《象》曰：**归妹，天地之大义也。**

虞翻曰：乾天坤地，三之四，天地交，以离日坎月战阴阳，『阴阳之义配日月』，则万物兴，故『天地之大义』。乾主壬，坤主癸，日月会北。震为玄黄，天地之杂。震东兑西，离南坎北。六十四卦，此象最备四时正卦，故『天地之大义也』。

疏 泰内乾天，外坤地，三四易位，是『天地交』也。互离日坎月，会于壬癸，故『战阴阳』也。坤阴乾阳，其义配乎日月。《郊特牲》：『天地合而后万物兴焉。』故曰『天地之大义也』。乾纳甲壬，故『主壬』。坤纳乙癸，故『主癸』。壬癸水，位北方，日月合朔于壬，故『日月会北』。《坤·文言》：『玄黄者，天地之杂也，天玄而地黄。』《说卦》曰『震为玄黄』，盖乾坤会而生震，故云『震为玄黄，天地之杂』也。震东兑西，离南坎北，四五方伯之卦，六十四卦，唯归妹备四时正卦之象，故曰『天地之大义也』。

天地不交，而万物不兴。

虞翻曰：乾三之四，震为『兴』，天地以离坎交阴阳，故『天地不交则万物不兴』矣。

王肃曰：男女交而后人民蕃，天地交然后万物兴，故归妹以及天地交之义也。

疏 虞注：泰乾三之坤四成震。《释言》：『兴，起也。』《杂卦》：『震，起也。』故『震为兴』。乾阳交坤为坎，坤阴交乾为离。『万物出乎震』，乾初交坤为震，故天地交则万物兴起，不交则不兴也。

王注：『男女交而后人民蕃』，所谓『男女构精，万物化生』是也。『天地交然后万物兴』，所谓『天地壹壹，万物化醇』是也。释归妹男女交之义，因及天地交之义也。

归妹，人之终始也。

虞翻曰：人始生乾而终于坤，故『人之终始』。《杂卦》曰『归妹女之终』，谓阴终坤癸，则乾始震庚也。

干宝曰：归妹者，衰落之女也。父既没矣，兄主其礼，子续父业，人道所以相终始也。

疏 虞注：《乾·彖传》曰『大哉乾元，万物资始』，故云『人始生乾』。《坤·文言》曰『地道无成而代有终也』，故云『而终于坤』。乾始坤终，故曰『人之终始』。《杂卦》但曰『归妹女之终』，而此言『人之终始』。坤纳癸，二十九日，月灭于癸为死魄，故云『阴终坤癸』。震纳庚，月三日魄生于庚，乾阳初动，故云『乾始震庚』。

观坤终即知乾始，故合终始言之也。

干注：兑为少女，其父已老，故『归妹者，衰落之女也』。泰乾已毁，故云『父既没矣』。震象已成，故云『兄主其礼』。兑，妹也。震，归妹者也。以震子续乾父之业，乾终震始，故云『人道所以相终始也』。

说以动，所归妹也。

虞翻曰：说，兑。动，震也。谓震嫁兑，所归必妹也。

疏 说谓兑也，动谓震也。女『说而动』，嫁象也。以震兄嫁女，故知『所归必妹也』。

征凶，位不当也。

崔憬曰：中四爻皆失位，以象归妹非正嫡，故『征凶』也。

疏 中四爻皆失阴阳正位。《公羊传·庄公十九年》『诸侯一聘九女』，兑非长女，取象归妹，妾媵而已，非正嫡也，故『征凶』。

无攸利，柔乘刚也。

王肃曰：以征则有不正之凶，以处则有乘刚之逆也，故『无所利』矣。

疏 以柔居三，承乘皆不正之刚，故征则承凶，处则乘逆，『无所利』也。

丰卦

【原典】

丰，大也。明以动，故丰①。王假之，尚大也。勿忧，宜日中，宜照天下也②。日中则昃，月盈则食。天地盈虚，与时消息，而况于人乎！况于鬼神乎③！

【精注】

①从『丰』到『故丰』是讲光明之德而动必可获致『丰大』，用来释卦名。②『王假之』句讲的是『丰』之所尚在于美德宏大，并谓即获『丰』之所尚在于美德宏大，并谓即获『丰大』者当以其德照临天下，来解释卦辞『王假之，尚大也，勿忧，宜日中』的意思。③从『日中则昃』到句末，广引天地、日月盈盛必亏的现象，揭明『丰』极必衰，处『丰』不可过『中』的道理。

【今译】丰，指丰大的意思。人能洞察事物之理而后付诸行动，所以能获丰大成果。譬如有德君王可以达到丰大的境界，这是崇尚宏大的道德；不要担忧，也像太阳正居中天一样保持充盈的光辉，说明宜于让盛德之光遍照天下。太阳当顶必将开始西斜，月亮圆满盈盛必将开始亏缺；天地有盈满也有亏虚，无不伴随着时运更替而消亡与生息，又何况人呢！何况鬼神呢！

【集解】**《彖》曰：丰，大也。明以动，故丰。**

崔憬曰：离下震上，「明以动」之象。明则见微，动则成务，故能大矣。

疏 离在下为「明」，震在上为「动」，「明以动之象」也。离明则见万物之微，震动则成天下之务，丰所以能大也。

案：四阳失位，动则五成离为明，阳为大，阳动故王假，是以大也。

王假之，尚大也。

姚信曰：四体震王。假，大也。四上之五，得其盛位谓之「大」。

疏 四体震，「帝出乎震」，故为「王」。「假，大也」，《释诂》文。四不正，之五得正，五为王位，故「得其盛位谓之大」。

案：尚，上也。大，阳也。五本尊位，四阳上之，故曰「王假之，尚大也」。

勿忧，宜日中。

《九家易》曰：震帝而上，故「勿忧」也。「日」者君，「中」者五，君宜居五也。谓阴处五日中之位，当倾昃矣。

疏 四失位当忧，动而上五，故「勿忧」也。「日」者君象，「中」者五位，谓离日当居五位。今阴处五爻，当日中之位，宜有倾昃之忧。若四阳升五，得位得中，故「勿忧宜日中」也。

宜照天下也。

虞翻曰：五动成乾，乾为天，四动成两离，重明丽正，故「宜照天下」，谓「化成天下」也。

疏 五阳自动成乾，乾为天。四动成两离，离为日，即《离·彖》「重明以丽乎正」也。「宜照天下」，即《离·象》

『化成天下』也。六爻皆正，成既济定，故『化成天下也』。

日中则昃。

荀爽曰：丰者，至盛，故『日中』。下居四，日昃之象也。

疏 丰者，至盛之象，故曰『日中』。离下居四，故曰日昃也。案：四五正，重离，故为『日中』。上变成家人，离变巽。巽，入也。日入，故昃也。

月盈则食。

虞翻曰：月之行，生震见兑，盈于乾甲。五动成乾，故『月盈』。四变，体噬嗑食，故『则食』。此『丰其屋，蔀其家』也。

疏 坎为月，月之行，三日生于震庚，七日见于兑丁，十五日盈于乾甲。五动成乾，故『月盈』也。上已变，四复变，体噬嗑食象，故食。唐傅仁均《三大三小历》：『日食常在朔，月食常在望。』故月盈乾甲则食。上变成家人，故上六曰『丰其屋，蔀其家』也。

天地盈虚，与时消息。而况于人乎！况于鬼神乎！

虞翻曰：五息成乾为盈，四消入坤为虚，故『天地盈虚』也。丰之既济，四时象具。乾为神人，坤为鬼。鬼神与人，亦随时消息，谓『人谋鬼谋，百姓与能』，『与时消息』。

疏 阳息五成乾，乾盈甲为盈。阴消四入坤，坤阴虚为虚。故曰『天地盈虚』。丰震春兑秋，既济坎冬离夏，故『丰之既济，四时象具』。阳之信为神，得阳以生为人，故『乾为神人』。阴之离诎为鬼，故『坤为鬼』。人谓三。乾由上之三为神。鬼谓上。坤变之巽，皆二与时消息者也。『人谋鬼谋，百姓与能』，《系辞下》文。义详彼注。《史记·历书》：『皇帝考定星历，建立五行，起消息。』皇侃注『乾者阳生为息，坤者阴死为消』，故以乾盈坤虚为消息。『与时消息』，谓十二月消息也。

旅卦

【原典】

旅，小亨，柔得中乎外①，而顺乎刚②。止而丽乎明，是以『小亨，旅贞吉』也。旅之时义大矣哉！

【精注】①柔得中乎外：指六五爻以阴居于外卦的中位，喻旅行在外的人，能够依正道来行事。②顺乎刚：指六五顺承于上九，喻旅行在外的人依托于强者的庇护。

【今译】旅卦，有稍见亨通的意思，是因为阴柔居于外卦的中位，而顺承于阳刚。如高山的正直处在阳光普照之中，所以『小亨，旅贞吉』。旅的时用意义真大啊！

【集解】

《彖》曰：旅，小亨。

姚信曰：此本否卦，三五交易，去其本体，故曰客旅。

荀爽曰：谓阴升居五，与阳通者也。

疏 姚注：三阴三阳之卦自否来，三五易位。五本乾，之三仍乾，是去本体而客他所，故独取象客旅。

荀注：否三阴为小，升居于五，五阳降居于三，阴与阳通，故亨。

愚案：震主器，震阳在内为主，故艮阳在外为旅。离者，丽也。阳在外而得所丽，故其卦为旅也。否象不通。三阴为小，上通于五，故『小亨』也。

柔得中乎外，而顺乎刚。止而丽乎明，是以小亨旅贞吉也。

蜀才曰：否三升五，柔得中于外，上顺于刚。九五降三，降不失正。止而丽乎明，所以『小亨，旅贞吉』也。

疏 否三阴升五，五为中，是『柔得中于外卦』。以阴承阳，是『上顺于九刚』。九五降居于三，仍不失正。艮为止，离为丽，又为顺，故『止而丽乎明』。丽明，故『小亨』。止而不失其正，故『旅贞吉也』。

旅之时义大矣哉！

虞翻曰：以离日丽天，『县象著明，莫大日月』，故『义大』也。

王弼曰：旅者，物失其所居之时也。物失所居，则咸愿有附，岂非智者有为之时，故曰『旅之时义大矣哉』。

疏 虞注：《系辞上》曰『县象著明，莫大乎日月』。离日丽天，顺莫大焉，故『义大』也。贲震春，坎冬，旅兑秋，离夏，故曰『时义大』也。

王注：孔疏此叹美寄旅之时。屋皆失其所居，若能与物为附，使旅者获安，非小才可济，惟大智能然，故曰『旅之时义大矣哉』。

巽卦

【原典】

重巽以申命①。刚巽乎中正而志行②。柔皆顺乎刚③，是以『小亨。利有攸往，利见大人。』

【精注】

①重巽：两巽相重。申，申述，表明。命，意旨。②刚巽乎中正：本卦九二、九五阳爻，为刚，分别居于下卦与上卦的中位，所以说『刚巽乎中正』。表明行为合乎正道，表得意行。③柔皆顺乎刚：本卦初六、六四阴爻，为柔，分别居于二阳爻之下，是阴柔俯顺于阳刚之象。像臣民俯顺于君上，所以为『小亨』之兆。

【今译】

两个巽卦相重叠，意在重申上面的意旨。阳刚者行为合乎正道，人人顺从，他的志向和抱负才能实现，而阴柔者能以谦柔去顺应阳刚，所以说『稍见亨通，利于出行，利于会见王公大人』。

【集解】

《彖》曰：重巽以申命。

陆绩曰：巽为命令。重命令者，欲丁宁也。

疏 『乾道变化，各正性命』，谓阳为乾性，阴为坤命。巽坤元，故为命。又震巽同声相应，阴宣阳命，故『巽为命令』。《书·尧典》：『申命羲叔。』孔传『申，重也』。重故申。重申者，丁宁之意。《后汉书·郎颉传》：『丁宁再三，留神于此。』彼此相属之谓也。

刚巽乎中正而志行。

陆绩曰：二得中，五得正，体两巽，故曰『刚巽乎中正』也。皆据阴，故『志行』也。

虞翻曰：刚中正，谓五也。二失位，动成坎，坎为志。终变成震，震为行也。

疏 陆注：二虽不正得中，五得中得正。内外两巽，巽者，入也。刚入乎二五，故曰『刚巽乎中正也』。初四皆阴，二五据之，故『志行也』。

虞注：五阳得中得正，故『刚中正谓五也』。二失位，当变应五，故『动成坎离』。坎心为志。『其究为躁卦』，故『终变成震』。震足为行，故『志行』也。

柔皆顺乎刚，是以小亨，利有攸往，利见大人。

陆绩曰：阴为卦主，故『小亨』。

疏 乾体而坤阴入之为巽，故『阴为卦主』。阳大阴小，故『小亨，利有攸往，利见大人。』

案：其义已见爻辞。

疏 虞义已详，不再释。

兑卦

【原典】

兑，说也。①刚中而柔外，说以「利贞」，是以顺乎天而应乎人。②说以先民，民忘其劳；说以犯难，民忘其死。③说之大，民劝矣哉！④

【精注】

①说：通『悦』，欣悦，欢乐。下同。②刚中而柔外：兑卦下兑上兑，这里的刚中，指九二爻和九五爻，此二爻阳刚居中；柔外，指六三爻和上六爻，此二爻阴柔处外。此卦象显示君子内有刚健之德，外有柔和之姿。③先民：这里蒙后省略一『劳』字，完整的说法应为『先于民而劳』。犯难：即赴难。劝：劝勉，努力。

【今译】

兑就是欢乐、高兴、愉悦的意思。卦中阳刚居中而阴柔处外，令人欢乐、欣悦而『利于占问』，所以正当的欢乐、欣悦能够顺乎天意而合乎民心。阳刚君子在欢乐、欣悦之时只要勇于身先民众承受劳苦，民众必能任劳忘苦；只要勇于奔赴危难不避艰险，百姓必能舍生忘死。可见，欢乐、欣悦的意义十分宏大，可以使民众都劝勉奋进！

【集解】**《象》曰：兑，说也。**

虞翻曰：兑口，故说也。

疏 兑为口，故『为说』。刘勰《文心雕龙》曰『说者，悦也。兑为口舌，故言咨悦怿。过说必伪，故舜惊谗说』，是『说』『悦』同义，故谓兑为口说也。

刚中而柔外，说以利贞。

虞翻曰：『刚中』谓二五，『柔外』谓三上也。二三四利之正，故『说以利贞』也。

疏 二五皆刚，故『刚中』。三上皆柔，故『柔外』。三在二外，上在五外也。二三四不正，利变之正，故『说以利贞』。

是以顺乎天而应乎人。

虞翻曰：大壮乾为『天』，谓五也，『人』谓三矣。二变顺五承三，故『顺乎天，应乎人』，坤为『顺』也。

疏 大壮内乾为天，三上之五，五于三才为天位，故『天谓五也』。五下之三，三为人位，故『人谓三矣』。三正，则乾三君子也。二变正，上顺五，近承三，动正，故曰『顺乎天，应乎人』。二四变互坤，故『为顺』。

说以先民，民忘其劳。

虞翻曰：谓二四已变成屯，坎为『劳』，震喜兑说，坤为『民』，坎为心，民心喜说，有顺比象，故『忘其劳』也。

疏 二四失位，变成屯体，屯外坎劳卦为『劳』，内震春阳为喜，体兑为『说』，屯互坤众为『民』，又坎亟心为心，屯二至上有比象，《比·象传》曰『下顺从也』，是『民心喜说，有顺比之象』。故『民忘其劳也』。

说以犯难，民忘其死。

虞翻曰：体屯，故难也。三至上体大过死，变成屯，民说无疆，故『民忘其死』。坎心为『忘』，或以坤为『死』也。

疏 《屯·象传》曰『刚柔始交而难生』，二四变，故体屯为难也。三至上体大过棺椁死象，变屯互坤，坤曰『应地无疆』，是『民说无疆』，故『忘其死』也。坎为心，故『为忘』。坤丧于乙，死魄为『死』，故『或以坤为死也』。

说之大，民劝矣哉！

虞翻曰：体比顺象，故劳而不怨。震为喜笑，故人劝也。

疏 屯二至上体比，《比·彖传》曰「下顺从也」，故有顺象。顺，故「劳而不怨」。震春，阳为喜笑，故「人劝也」。

涣卦

【原典】

涣，「亨」，刚来而不穷，柔得位乎外而上同。「王假有庙」，王乃在中也①；「利涉大川」，乘木有功也②。

【精注】

①王乃在中：王，喻九五爻居位正中，处九五尊位。②乘木有功：乘木，指上卦巽，巽为木，和下卦坎，坎为水，上巽下坎如木舟行于水上；有功，以「乘木」即木舟行于水上喻聚合人力共渡险难。

【今译】

涣卦象征涣散，意思是江河之冰到了春天又化为水，此卦有亨通之象，是由于阳刚者前来居处于阴柔之中而自身却未陷入困穷，而阴柔者则在外获得正位，并向上与阳刚者心志协同，从而使阴阳二气虽然涣散却心聚神通。「举行祭祀大典，君王亲自来到宗庙祭祀祖先」，是由于君王聚合人心居正处中；「利于涉水渡河」，是由于乘坐木舟渡河能够同心协力、破浪穿行、涉越险难，从而获得成功。

【集解】

《彖》曰：涣，亨，刚来而不穷，柔得位乎外而上同。

卢氏曰：此本否卦，乾之九四，来居坤中，刚来成坎，水流而不穷也。坤之六二，上升乾四，「柔得位乎外」，上承贵王，与上同也。

疏 否乾九四，刚也。自外曰「来」，在二为「居坤中」。来成坎水，流而不穷。又坎为通，「往来不穷谓之通」，故不穷也。六二自内上升于四。以柔居四为「得位乎外」，上承五贵为王，故曰「上同」。孔疏引先儒云「刚来而不穷释亨德，柔得位乎外释利贞」是也。

王假有庙，王乃在中也。

荀爽曰：请阳来居二，在坤之中为立庙。「假，大也」。言受命之王，居五大位，上体之中，上享天帝，下立宗庙也。

疏 四阳来居于二，在坤之中，体象观艮，故「为立庙」。「假，大也」，《释诂》文。乾为君，故言「受命之王」。

五阳为大，故言『居五大位』。荀意以阳在二为立庙，阳在五为在中，故曰『上体之中，上享天帝，下立宗庙也』。

利涉大川，乘木有功也。

虞翻曰：巽为木，坎为水，故『乘木有功也』。

疏巽在上为木，坎在下为水。巽木下应坎二，五多功，故『乘木有功』。谓圣人作舟楫，取诸涣也。

节卦

【原典】

节，『亨』，刚柔分而刚得中。①『苦节，不可贞』，其道穷也。②说以行险，当位以节，中正以通。③天地节而四时成，节以制度，不伤财，不害民。④

【精注】

①刚柔分而刚得中：节卦下兑上坎，这里的刚指上卦坎，坎为阳卦；柔指下卦兑，兑为阴卦；刚得中，指九二爻和九五爻，这两个阳爻分别居于上下卦之中。②其道穷：指上九爻穷极于上。③『说以行险』句：说，即『悦』，指下卦兑，兑为悦；险，指上卦坎，坎为险；当位，指六四爻和九五爻，此二爻阴得阴位、阳得阳位，所以称『得位』；中正，指九五爻，此爻阳居阳位且在上卦之中，因而居中处正，所以称『中正』。④制度：本义为典章制度，这里的意思为尺度，分寸。

【今译】

节卦象征节制，此卦有亨通之象，是由于阳刚与阴柔分别居于上下而区分得非常清楚，且阳刚又获得中正之道。『举行祭祀大典，如果以节制为苦事因而不肯节制，则不可占问』，因为节制之道至此已经穷极不通了。穷极不通便有险难。如果能够欢乐欣悦地趋险赴难，并持守中正、遵守礼义，也能达到畅通无阻的境地。天地的运行正是由于有一定的节制，四季才得以形成并严整有序；而节制又要有法度，这样才能既不浪费资财，又不伤害百姓。

【集解】

《象》曰：节，亨，刚柔分而刚得中。

卢氏曰：此本泰卦。分乾九三升坤五，分坤六五下处乾三，是『刚柔分而刚得中』也。

疏 泰卦上坤下乾，三五易位，是『刚柔分』而『天地交』也。二五皆刚得中，而五尤得正也。

苦节不可贞，其道穷也。

虞翻曰：位极于上，乘阳，故『穷也』。疏上六位及于上，下乘五阳，泰时已极，故『道穷也』。

说以行险。

虞翻曰：兑说坎险，震为行，故『说以行险』也。

疏 内兑为说，外坎为险，互震为行，故『说以行险也』。

当位以节，中正以通。

虞翻曰：中正谓五，坎为通也。疏五得中得正，故『中正谓五』。五体坎为通，故『中正以通』。

天地节而四时成。

虞翻曰：泰乾天坤地。震春兑秋坎冬，三动离为夏。故『天地节而四时成』也。

疏 泰乾为天，坤为地。泰、节皆互震为春。节兑为秋，坎为冬，三变离为夏。天地之数以六十为节，故《易》卦至六十而为节。月有中气，有节气，节以损其过而归之中，故『天地节而四时成也』。

节以制度，不伤财，不害民。

虞翻曰：艮手称『制』，坤数十为『度』。坤又为『害』为『民』为『财』，二动体剥，剥为『伤』。三出复位成既济定，坤剥不见，故『节以制度，不伤财，不害民』。

疏 《说文》：『制，裁也。』裁物以手，体互艮为手，故『艮手称「制」』。《舜典》：『同律度量衡。』孔传『度，丈尺也』。十寸为尺，十尺为丈。坤癸数十，故为『度』。又坤阴慝为害，众为民，富有为财。二动至五体象剥，故为『伤』。三阳出，复正位，成既济定，坤害剥伤，毁灭不见，故『节以制度，不伤财，不害民』。三所以『嗟若无咎』也。郑氏云『空府藏则伤财，力役繁则害民。二者奢泰之所致』。故『节以制度』，则无伤财害民之事矣。

中孚卦

【原典】

中孚，柔在内而刚得中，说而巽，孚，乃化邦也。① 「豚鱼吉」，信及豚鱼也；「利涉大川」，乘木舟虚也；中孚以「利贞」，乃应乎天也。②

【精注】

①柔在内而刚在中：中孚卦下兑上巽，这里的柔指六三爻和六四爻；刚指九二爻和九五爻。孚：诚信。化：教化。

②乘木舟虚：木舟，指上卦巽，巽为木，而木可以造舟。中孚：内心诚信。

【今译】

中孚象征内心诚信，在卦象上表现为内在柔顺而谦虚至诚，外在刚健而中实有信；遂使在下者欢乐欣悦，在上温文和顺，共同以诚信之德教化家邦。『用豚和鱼祭祀祖先，可以大吉大利』，是说诚信之德已经达到豚和鱼身上，连它们也具有诚信之德；『利于涉水渡河』，说明只要持守诚信之德，无论遇到什么危难，都能像乘坐木舟涉越江河那样畅行无阻；只要内心诚信『占问便有利』，是因为能够与天道的中正美德相符合。

【集解】

《彖》曰：中孚，柔在内而刚得中。说而巽，孚。

王肃曰：三四在内，二五得中，兑说而巽顺，故孚也。

疏　『柔在内』，谓三四在内也。『刚得中』，谓二五得中也。内兑说而外巽顺，故孚也。

案：刚柔皆谓二也。二变应五，故『柔在内』。四外体，不得云『四在内也』。兑说谓二，巽孚谓五，故『乃化邦也』。

乃化邦也。

虞翻曰：二化应五成坤，坤为邦，故『化邦也』。

疏　二变应五，互三四成坤，坤土为邦，又『坤化成物』，故『化邦也。』

豚鱼吉，信及豚鱼也。

荀爽曰：豚鱼谓四三也。四为山陆，豚所处。三为兑泽，鱼所在。豚者卑贱，鱼者幽隐。中信之道，皆及之矣。

疏　『豚鱼谓三四也』者，四互艮为山陆，山，豚所处也，故豚谓四。三体为兑泽，泽，鱼所在也，故鱼谓三。豚者，兽之卑贱。鱼者，虫之幽隐。王氏云『争竞之道不兴，中信之德淳著。则虽幽隐之物，信皆及之』矣。

利涉大川，乘木舟虚也。

王肃曰：中孚之象，外实内虚，有似可乘，虚木之舟也。

疏 中孚之象，四阳在外为实，二阴在内为虚，有舟象焉，故曰『有似可乘，虚木之舟也』。盖三出体涣，故象舟楫，而曰『乘木舟虚也』。

中孚以利贞，乃应乎天也。

虞翻曰：讼乾为天，二动应乾，故『乃应乎天也』。

疏 讼乾五为天，二动之正，上应乎乾为应天，故曰『乃应乎天也』。

小过卦

【原典】小过，小者过而亨也。过以利贞，与时行也。柔得中①，是以『小事吉』也。刚失位而不中②，是以『不可大事』也。有飞鸟之象焉。『飞鸟遗之音，不宜上，宜下，大吉』，上逆而下顺也③。

【精注】①柔得中：指六二居于下艮中间，六五居于上震中间，是得中说。②刚失位而不中：指阳爻九居于阴位四，而且不居于上震中间，是一般爻位说结合得中说。③上逆而下顺：六五在九四上面，以柔乘刚，是逆；由于出现在上震，是为『上逆』。六二在九三下面，以柔承刚，是顺；由于出现在下艮，就是『下顺』。这些都表明一种关系。

【今译】小过是小事错误，无碍大局。此卦有亨通之象。凭着合于正道得到好处而超过，是随着时机发展的。柔爻居于上下卦中间，因此小事情吉利。刚爻失去应有位置又不居于上下卦中间，因此图谋大事就不会成功。说『飞鸟遗之音，不宜上，宜下，大吉』，是由于六五在九五之上，以柔乘刚而逆于上，六二在九三之下，以柔承刚而顺于下的缘故。

【集解】**《象》曰：小过，小者过而亨也。过以利贞，与时行也。**

荀爽曰：阴称『小』。谓四应初，过二而去，三应上，过五而去，五处中，见过不见应，故曰『小者过而亨也』。

疏 阳大阴小，故『阴称小』。四应初，阴过二而去，三应上，阴过五而去，五处上中，见阴之过而不见阳之应，故曰『小者过而亨也』。

案：小阴谓五，五过乎阳而应乾刚，故『过而亨』。艮为『时』，震为『行』，过五利变之正成咸，泰、否相反，『终则有始』，『与时偕行』，故『过以利贞，与时行也』。

柔得中，是以小事吉也。

虞翻曰：谓五也。阴称『小』，故『小事吉也』。

疏 五柔得正，故『谓五也』。阴柔称『小』，柔而得中，故『小事吉也』。

刚失位而不中，是以不可大事也。

虞翻曰：谓四也。阳称『大』，故『不可大事也』。

疏 刚失位，谓四也。阳刚称『大』，失位不中，故『不可大事也』。

有飞鸟之象焉，飞鸟遗之音。

宋衷曰：二阳在内，上下各阴，有似飞鸟舒翮之象，故曰『飞鸟』。震为声音，飞而且鸣，鸟去而音止，故曰『遗之音』也。

疏 二阳在内，象鸟之身。四阴在外，象翅与足。有似飞鸟舒翮之象，故曰『飞鸟』。此即虞君所谓『俗说』也。震音鸣为『声音』，『飞而且鸣』谓震。鸟去而音止谓艮，故曰『遗之音』。

不宜上，宜下，大吉，上逆而下顺也。

王肃曰：四五失位，故曰『上逆』。二三得正，故曰『下顺也』。

疏 四阳五阴为『失位』，四五在上，故曰『上逆』。二阴三阳为得正，二三在下，故曰『下顺也』。

案：阴在阳上为逆，故五宜正。阴在阳下为顺，故二不变。

既济卦

【原典】

既济，亨，小者亨也。利贞，刚柔正而位当也①。初吉，柔得中也②。终止则乱，其道穷也③。

【精注】

①刚柔正而位当：正而位当，象征君臣上下各在其位，各尽其职，共同追求事业成功。②初吉，柔得中也：柔，

具体指阴爻六二居下卦中间，象征臣下公正而又不偏激、片面。既济以内卦即下卦为主，初、二两爻均代表成功的初期。

③其道穷也：喻臣子权势太盛，终于陷入穷困的境地。

【今译】

既济卦象征成功，亨通，连小者也会亨通。利于坚守正道，是由于刚柔各正其位，各当其职。初期吉利，说明阴柔也能守正不偏。终期停止前进将会出现动乱，说明前进的道路已经无法继续进行了。

【集解】

《象》曰：既济亨，小者亨也。

荀爽曰：天地既交，阳升阴降，故「小者亨也」。

疏 泰本天地交也，既济则阴阳又交，二阳升于五，五阴降于二，二阴得正，故称「小者」。交故通，通故亨也。

利贞，刚柔正而位当也。

侯果曰：此本泰卦，六五降二，九二升五，是刚柔正当位也。

疏 卦自泰来，五降二升，是刚柔各正，而阴阳位当也。

初吉，柔得中也。

虞翻曰：「中」谓二。

疏 二在下中，故「中谓二」也。

终止则乱，其道穷也。

虞翻曰：反否终坤，故「其道穷也」。

侯果曰：刚得正，柔得中，故「初吉」也。正有终极，济有息止，止则穷乱，故曰「终止则乱，其道穷也」。一曰殷亡周兴之卦也。成汤应天，「初吉」也。商辛毒痡，「终止」也。由止，故物乱而穷也。物不可穷，穷则复始，周受其未济而兴焉。《乾凿度》曰「既济、未济者，所以明戒慎，全王道」也。

疏 虞注：泰极反否，终成坤乱。乾为「道」，坤为「穷」，乾极反坤，故「其道穷也」。

侯注：刚皆得正，二柔得中，故「初吉」。正极必反，故「正有终极」。济极必衰，故「济有息止」。济止则穷乱生焉，故曰『终止则乱，其道穷也』。谓『殷亡周兴之卦也』者，成汤奉若天命，是『初吉』也。商辛毒痡四海，是『终止』也。终止则物乱而道穷也。济极必穷，穷极复始。否、泰循环，自然之运。周承殷后，受其未济而兴焉。《乾凿度》曰『既济、未济为最终者，所以明戒慎而存王道』，郑彼注云『夫物不可穷，理不可极。故王者亦常则天而行，与时消息。不可安而忘危，存而忘亡。未济亦无穷极之谓者也』。

未济卦

【原典】

未济，「亨」，柔得中也①。「小狐汔济」，未出中也②。「濡其尾，无攸利」，不续终也。虽不当位，刚柔应也③。

【精注】

①柔得中：本卦六五之爻为阴爻，为柔，居上卦中位，是阴柔得位。②未出中：指所行不合事理。③虽不当位，刚柔应也：本卦初六、六三、六五均为阴爻，而居阳位，是『不当位』。但是九二、九四、上九均为阳爻，为刚，与三阴爻相互呼应，所以说『刚柔应』。

【今译】

未济卦，有亨通之象，柔弱者善于顺从并能居于中位不偏不倚。『小狐狸快要渡过河，』但还在水里，处在危险之中。『小狐狸的尾巴被河水浸湿了，所行无所利』，说明虽然经过努力想促使事情成功，但不能持续下去，最终没有什么好的结果。未济卦的全部爻位都不正当，但若能使刚柔相济，则还是能够成功的。

【集解】

《彖》曰：未济，亨，柔得中也。

荀爽曰：柔上居五，与阳合同，故亨也。

疏 否二柔上居五，五阳位，故『与阳合同』。天地交，故亨也。

小狐汔济，未出中也。

虞翻曰：谓二未变，在坎中也。

干宝曰：狐，野兽之妖者，以喻禄父。『中』谓二也。困而犹处中故也。此以托纣虽亡国，禄父犹得卦矣。

疏 虞注：二以上体既济，故几济也。二未变，在坎中，故曰『未出中也』。

干注：《说文》：『狐，妖兽也。』故云『狐，野兽之妖者』。禄父，纣子。其位不正，故『以喻禄父』。二在下中，故『中谓二也』。困而处中，故『未出中也』。《史记·殷世家》：『武王已克殷，复以殷余民封纣子武庚禄父，此诸侯，以奉其先祀。』故云『此以托纣虽亡国，禄父犹得封矣』。

濡其尾，无攸利，不续终也。

虞翻曰：否阴消阳，至剥终坤，『终止则乱，其道穷也』。乾五之二，坤杀不行，故『不续终也』。

干宝曰：言禄父不能敬奉天命，以续既终之礼，谓叛而被诛也。

疏 虞注：否，阴消卦也。阴之消阳，至剥而阴盛，终坤而乱成。《既济·彖传》曰『终止则乱，其道穷也』。即反否终坤之谓也。坤弑为杀。否乾五之坤二，坤象不见，故『坤杀不行』，而曰『不续终也』。《战国策》：『《易》曰「狐濡其尾」，此言始之易，终之难也。』坤终不见，故『不续终也』。

案：《序卦》曰『受之以未济终焉』，《既济》卦辞曰『初吉终乱』，终谓上也。既济自以濡首终，未济自以濡尾终。不相续，故曰『不续终也』。

干注：禄父，纣子也。受周之封，不能敬奉天命，以续商家既终之祀，宜其叛而被诛，『无攸利』也。

虽不当位，刚柔应也。

荀爽曰：虽刚柔相应而不以正，由未能济也。

干宝曰：六爻皆相应，故微子更得为客也。

疏 荀注：刚柔虽应而爻皆不正，不义之应，由未能济，重释未济之义也。

干注：未济之世，义不续终。然六爻阴阳皆应，虽不当位，犹有终而复续之理。《书序》：『成王既黜殷命，杀武庚，命微子启代殷后，作《微子之命》。』《诗序》：『《有客》，微子来见庙也。』故云『微子更得为客也』。

系辞传①

《系辞传》分为上下两篇，主要解说经文要领，贯彻爻辞的基本义理。文中对《易经》经文作了全面的辨析与阐发，一者抒发《易》理之精微，二者示范读《易》之要例。

系辞传上篇

第一章

【原典】

天尊地卑，乾坤定矣。卑高以陈，贵贱位矣。②动静有常，刚柔断矣。③方以类聚，物以群分，吉凶生矣。④在天成象，在地成形，变化见矣。⑤

是故，刚柔相摩，八卦相荡。⑥

鼓之以雷霆，润之以风雨；日月运行，一寒一暑。⑦乾道成男，坤道成女。⑧

乾知大始，坤化成物。⑨

乾以易知，坤以简能。⑩

易则易知，简则易从。易知则有亲，易从则有功。有亲则可久，有功则可大。可久则贤人之德，可大则贤人之业。⑪

易简而天下之理得矣；天下之理得，而易成位乎其中矣。⑫

【精注】

①《系辞传》：《易传》之一。传文对《易经》经文的各个方面及卦象作了全面的分析和详细阐释。「系辞」二字是系属或联系之辞的意思。②以：已。陈：列。位：这里用作动词，意为各居其位。③常：指一定的规律。断：分。④方：道，即思想观念。物：具体事物，与「方」相对。⑤象：表象，指天上之日月星辰。形：形体，指地上之万物。见：通「现」，显现。⑥摩：迫击。荡：推动。⑦鼓：鼓动。这四句是指天上物象的阴阳变化。⑧乾道成男，坤道成女：这两句是说明地面形体的阴阳变化。⑨知：为，作。大始：即太始，最初创始。成物：生成万物。⑩易：平易。知：知晓。简：简约。能：功能。⑪易则易知，简则易从……可大则圣人之业：这八句是阐发乾坤「易」「简」之理，最后归结于人事，说明若能按此行事，即可造就贤人的「德」「业」。⑫成位：确定位置。中：适中。

【今译】

天尊贵而居高，地卑下而居低，而乾卦象征天，坤卦象征地，这样乾卦为首而坤卦为次的位序也就确定了。卑下与尊贵的位序一经排列，万物便各居其位。天的动和地的静都有它们各自的运行规律，阳刚阴柔的性质因而就一目了然。天下万事万物都以类别相同而聚合，以群体相异而区分，吉利和凶险就在这样的同与异的矛盾之中早已任定了。悬在天上的事物展现给我们的是虚空的表象，处于地面的事物呈现的是实在的形体，这样，事物的变化就能从象与形上显现出来。

所以，刚柔才会相互冲突迫击而生成八卦，八卦又会相互推动重叠而生成六十四卦。就像雷与霆相互鼓动，风与雨相互滋润；日与月相互推动，寒与暑一往一来。又如乾道运行构成男性，坤道运行构成女性。

乾的作为体现于万物的最原始的状态，坤的作为体现为顺承于乾的万物生成。乾的作为以平易而为人所知，坤的作为以简约而显其功能。

平易就容易为人知晓，简约就容易使人顺从。容易知晓则容易与人亲近，容易顺从则能够建功。有人亲近则处世自然长久，建功立业则立身就能宏大。而处世长久是贤人的美德，立身宏大是贤人的事业。

懂得把世间万物的事化繁为简，就能掌握天下的道理；而掌握天下的道理，就能遵循这些道理而居处适中合宜的地位。

【集解】**天尊地卑，乾坤定矣。**

虞翻曰：天贵故『尊』，地贱故『卑』，『定』谓成列。

荀爽曰：谓否卦也。否七月，万物已成，乾坤各得其位，定矣。

疏 虞注：《易纬乾凿度》曰『一者，形变之始。清轻者上为天，浊重者下为地』，又曰『乾坤相并俱生』。郑彼注云『天地开辟，乾坤卦象立焉』，孔氏云『天以刚阳而尊，地以柔阴而卑』。又云『乾健与天阳同，坤顺与地阴同，故得乾坤定矣』。『定谓成列』者，乾坤列乎上下而八卦成列，亦由是定矣。

荀注：上乾下坤为否，故『谓否卦也』。否于消息卦在七月，是时万物已成，故云『乾坤各得其位，定矣』。

案：此言乾坤之德，非以否上乾下坤为定位也。荀氏之说，未应经义。

卑高以陈，贵贱位矣。

虞翻曰：乾高贵五，坤卑贱二，『列贵贱者存乎位』也。

荀爽曰：谓泰卦也。

侯果曰：天地卑高，义既陈矣。万物贵贱，位宜差矣。

疏 虞注：下文云『崇效天，卑法地』。坤自上降，乾自下升，故先言『卑』而后言『高』也。『乾高贵谓五』者，乾二升五也。『坤卑贱谓二』者，坤五降二也。『列贵贱者存乎位』，《下传》文。乾以上为尊，故五为天位。坤以下为卑，故二为地位。乾坤正位二五，故『贵贱位矣』。

荀注：坤卑在上，乾尊在下，『天地交泰』，故『谓泰卦也』。

侯注：王氏云『天尊地卑之义既列，则涉乎万物贵贱之位，明矣』，即侯氏义也。

动静有常，刚柔断矣。

虞翻曰：断，分也。乾刚常动，坤柔常静。『分阴分阳，迭用柔刚』。

疏 《释名》『断，段也，分为异段也』，故云『断，分也』。《乾凿度》曰『天动而施曰仁，地静而理曰义』，故『乾刚常动，坤柔常静』。庖牺既定乾、坤六位，又分乾阳坤阴各为六画，然后可以『迭用柔刚』，故曰『刚柔断矣』，即《下传》所谓『刚柔者，立本者也』。

方以类聚。

《九家易》曰：谓姤卦，阳爻聚于午也。方，道也。谓阳道施生，万物各聚其所也。

疏 姤，五月午卦也。其卦五阳一阴，故云『阳爻聚于午也』。《乐记》：『乐行而民乡方。』郑注『方犹道也』，故云『方，道也』。五月正万物极盛之时，阳道主施，故『谓阳道施生，万物各聚其所也』。

物以群分。

《九家易》曰：谓复卦，阴爻聚于子也。阴主成物，故曰『物』也。至于万物一成，分散天下也以周人用，故曰『物以群分』也。

疏 复，十一月子卦也。其卦五阴一阳，故云『阴爻聚于子也』。阴主成物，即《下传》：『坤化成物。』故曰『物』

也。万物既成，即当分散天下，以周人用，故曰『物以群分』也。

吉凶生矣。

虞翻曰：物三称群。坤方道静，故『以类聚』。乾物动行，故『以群分』。乾生故吉，坤杀故凶，则『吉凶生矣』。

疏《诗·吉日》：『或群或友。』毛传『兽三为群』，故云『物三称群』。『坤至静而德方』，故云『坤方道静』。道静则聚，故『以类聚』。『精气为物』，阳动而施，故云『乾物动行』。物动则分，故『以群分』。言乾坤各以三为六。阳生阴杀，阳吉阴凶，乾为生故吉，坤为杀故凶。乾坤各六画，有正有不正，故『吉凶生』，下注云『得正言吉，失位言凶』是也。

在天成象，在地成形，变化见矣。

虞翻曰：谓日月在天成八卦，震象出庚，兑象见丁，乾象盈甲，巽象伏辛，艮象消丙，坤象丧乙，坎象流戊，离象就己，故『在天成象』也。『在地成形』，谓震竹巽木、坎水离火、艮山兑泽、乾金坤土。在天为『变』，在地为『化』，『刚柔相推而生变化』矣。

疏『谓日月在天成八卦』者，以纳甲言也。月三日暮出震，震纳庚，故『震象出庚』。八日见兑，兑纳丁，故『兑象见丁』。十五日盈乾，乾纳甲壬，故『乾象盈甲』。月盈则食，十六日退巽，巽纳辛，故『巽象伏辛』。二十三日消艮，艮纳丙，故『艮象消丙』。三十日灭坤，坤纳乙癸，故『坤象丧乙』。坎离，日月之本体，坎纳戊，离纳己，故『坎象流戊，离象就己』。此在天成象之义也。《九家易》云『地有八卦之形，即所谓震竹巽木、坎水离火、艮山兑泽、乾金坤土』是也。虞义盖本《说卦》也。不举震雷巽风者，雷风皆在天也。《离·象传》云『百谷草木丽乎土』，故震举竹，巽举木也。《考工记》曰『天时变』，故『在天为变』。《下传》曰『坤化成物』，故『在地为化』。引下文『刚柔相推而生变化』者，谓以乾坤为六子也。《乐记·礼乐章》引此传曰『天地之别也』，是言尊卑、贵贱、动静、类聚、群分、在天、在地之别异，先王法之以制礼，故云『天地之别也』。

是故，刚柔相摩，八卦相荡。

虞翻曰：旋转称『摩』，薄也。乾以二五摩坤，成震坎艮，坤以二五摩乾，成巽离兑，故『刚柔相摩』，则『八卦相荡』也。

疏 『刚柔』谓乾、坤十二爻也。《乾凿度》曰：『乾贞于十一月子，左行阳时六。坤贞于六月未，右行阴时六。』盖乾左旋，坤右转，故『旋转称摩』。《乐记》：『阳阴相摩。』郑注『摩，犹迫也』。薄有迫义，故云『薄也』，谓阴阳相薄也。又已成八卦言之，故云『二五』。乾以二五摩坤成坎，互震艮，故『成震坎艮』。坤以二五摩乾成离，互巽兑，故『成巽离兑』。盲『二五』者，举共中气也。二五相摩而成八卦，故『刚柔相摩』则『八卦相荡』。《乐记》郑注云『荡，犹动也』，虞下注云『乾坤与六子，因名八卦而小成也』。

鼓之以雷霆，润之以风雨。

虞翻曰：鼓，动。润，泽也。雷，震。霆，艮。风，巽。雨，兑也。

疏 『鼓』犹鼓动，『泽』犹润泽，故云『鼓，动；润，泽也』。《说卦》：『震为雷』，故云『雷，震』。《说文》：『霆，余声也。』京氏曰『霆者，雷之余气』。震，起也，艮，止也，雷起于震之初阳，止于艮之上阳，是艮为震之余气，故云『霆，艮』。又艮门阙为庭，庭与霆通，如汉楚相《孙君碑》『庭坚』作『霆坚』是也。《说卦》：『巽为风。』故云『风，巽』。兑泽为雨，《祭义》云『天时雨泽』，故云『雨，兑』。风生于水，故巽坎半见于下；雨陨于云，故兑坎半见于上。风雨皆含坎象，故曰『润』也。

日月运行，一寒一暑。

虞翻曰：日，离。月，坎。寒，乾。暑，坤也。运行往来，『日月相推而明生焉，寒暑相推而岁成焉』，故『一寒一暑』也。

疏 《说卦》：『离为日，坎为月。』故『日，离。月，坎』。乾一阳生于冬至寒时，故云『寒，乾』。坤一阴生于夏至暑时，故云『暑，坤』。又乾位西北亦为寒，坤位西南亦为暑也。『运行往来』者，即《下传》所谓『日月相推而明生焉，寒暑相推而岁成焉』，故曰『一寒一暑也』。此谓六子成乾坤之功也。

乾道成男，坤道成女。

荀爽曰：『男』谓乾初适坤为震，二适坤为坎，三适坤为艮，以成三男也。『女』谓坤初适乾为巽，二适乾为离，三适乾为兑，以成三女也。

疏 此言乾坤统六子也。乾初适坤为震，所谓初索得男为长男；二适坤为坎，所谓再索得男为中男；三适坤为艮，所谓三索得男为少男。震、坎、艮皆阳，故云『以成三男也』。坤初敌乾为巽，所谓初索得女为长女，二适乾为离，所谓再索得女为中女；三适乾为兑，所谓三索得女为少女。巽离兑皆阴，故云『以成三女也』。八卦相摩而成者，变化之义，天之道也；相索而得者，父母之义，人之道也。

乾知大始。

《九家易》曰：『始』谓乾禀元气，万物资始也。

疏 《乾凿度》曰『太初者，气之始也』，郑注『元气之所本始』，故『始谓乾禀元气』。《乾·彖传》曰：『大哉，乾元，万物资始。』阳称『大』，资始未来，故曰『知』。『神以知来』，故『乾知大始』。

坤化成物。

荀爽曰：物谓坤任育体，『万物资生』。

疏 《中庸》曰『发育万物』，郑注『育，生也』，故『物谓坤任育体』。《坤·彖传》曰：『至哉坤元，万物资生。』《大戴礼·天圆》云：『曾子曰：「吐气者施而含气者化。」』阳施而阴化，故『坤称化』。『地道无成而代有终』，承乾成物，故曰『坤化成物』。《乐记》云：『地气上齐，天气下降，阴阳相摩，天地相荡，鼓之以雷霆，奋之以风雨，动之以四时，暖之以日月，而万化兴焉』，盖据此《传》为言。而云『天地之和也』，先王法之以作乐，『天地欣合』，故和为天地之合也。

乾以易知，坤以简能。

虞翻曰：阳见称『易』，阴藏为『简』。简，阅也。乾息昭物，天下文明，故『以易知』，坤阅藏物，故『以简能』矣。

疏 阳见于外，故称『易』。阴藏于中，故为『简』。《左传·桓公六年》：『大阅，简车马也。』是『简』、『阅』同义，故云『简，阅也』。乾为大明，阳息则能明照万物。『天下文明』，《乾·文言》文。谓乾以息阳而知大始，故曰『易知』。阅有容义，坤虚能容。《说卦》曰『坤以藏之』，故『藏物』。坤以牝阳而化成物，故曰『简能』。

愚案：《老子》曰『天得一以清』，故『乾以易知』；『地得一以宁』，故『坤以简能』。又《乐记》曰『大乐必易，大礼必简』，又曰『乐著大始，而礼居成物』，又曰『乐由天作，礼以地制』。盖乐出于自然，故象乾之易知，而曰必易，礼起于微渺，故象坤之简能，而曰必简。易，故著乎『乾知大始』之初；简，故居乎『坤化成物』之位。《记》又曰：

『圣人作乐以应天，制礼以配地，礼乐明备，天地官矣。』故观乎礼乐，而乾坤之易简，思过半矣。

易则易知，简则易从。

虞翻曰：乾『县象著明』，故『易知』；坤『阴阳动辟』，故『易从』。『不习无不利，地道光也』。

疏 《传》言『县象著明』，谓日月也。此云『县象』，即『天垂象』也，『著明』，即『大明终始』也。《书·泰誓》云：『天有显道，厥类维彰。』故曰『易知』。坤有动静，即有阴阳，阳唱阴和，故曰『从』。坤本静翕，动而从阳则辟，故曰『易从』。『不习』言其简，『无不利』言其易从，故复引坤六二爻辞，以明地道也。

易知则有亲，易从则有功。

虞翻曰：阳道成乾为父，震坎艮为子，本乎天者亲上，故『易知则有亲』。以阳从阴，至五多功，故『易从则有功』矣。

蜀才曰：以其易知，故物亲而附之。以其易从，故物法而有功也。

疏 虞注：乾阳道，故『为父』。震坎艮皆阳，故『为子』。『本乎天者亲上』，《乾·文言》文。又曰『本乎地者亲下』。独言乾者，巽离兑阴卦皆丽阳，故震通巽，坎正离，艮伏兑，三女外成，坤无亲也。三男则本天亲上，故曰『易知则有亲』。『以阳从阴』，当作『以阴从阳』。五为阳位，五多功，泰阴至五正位，坤化则成，故『易从则有功』矣。

蜀才注：易知则无险巇，故『物皆亲而附之』。易从则无阻滞，故『物皆法而有功』。

有亲则可久，有功则可大。

荀爽曰：阴阳相亲，杂而不厌，故『可久』也。万物生息，种类繁滋，故『可大』也。

疏 『立天之道，曰阴与阳』。阴阳虽杂，亲而不厌，且乾德健，健故『可久也』。坤有生息万物之功，种类至为繁滋，盖坤德广，广故『可大』也。

案：以阳正阴，终则又始，故『有亲则可久』，坤用六『利永贞』是也。以阴牝阳，动出至五则复乾，故『有功则可大』，阳为大是也。

可久则贤人之德，可大则贤人之业。

姚信曰：贤人，乾坤也。言乾以日新为德，坤以富有为业也。

疏　《乾·文言》曰「贤人在下位而无辅」，《坤·文言》曰「天地闭，贤人隐」，故「贤人谓乾坤也」。「乾以日新为德」，即「日新之谓盛德」也。乾为德，「终日乾乾」，故「以日新为德」。「坤以富有为业」，即「富有之谓大业」也。坤为业，坤含万物，故「富有之谓大业」。《乾·文言》上九曰「贤人在下位」，谓九三也。乾上应三，「终日乾乾」，忠信进德，故曰「可久则贤人之德」。《坤·文言》曰「贤人隐」，谓六四也。四近承五，「美在其中而畅于四支，发于事业」，故曰「可大则贤人之业」。

易简而天下之理得矣。

虞翻曰：易为乾息，简为坤消。乾坤变通，穷理以尽性，故「天下之理得矣」。

疏　阳主生长，不假作为，故「易为乾息」。阴主收藏，不尚烦扰，故「简为坤消」。乾极则变而通坤，坤极则变而通乾，故云「乾坤变通」。「穷理以尽性」，《说卦》文，虞彼注云「以乾推坤，谓之穷理。以坤变乾，谓之尽性」。易知为乾之事，故曰「穷理」。简能为坤之事，故曰「尽性」。乾坤消息既正，六十四卦皆出于此，故「天下之理得矣」。

愚案：「简」、「易」，一也。《老子》曰「天得一以清，地得一以宁，神得一以灵，谷得一以盈，万物得一以生，侯生得一以为天下正」，故曰「天下之理得矣」。

天下之理得，而易成位乎其中矣。

荀爽曰：阳位成于五，五为上中，阴位成于二，二为下中，故「易成位乎其中」也。

疏　五为阳位之中，故「阳成位于五」。「上中」者，既济坎五也。二为阴位之中，故「阴成位于二」。「下中」者，既济离二也。坎离，天地之心。二五，天地之中。坎五离二，成位于上下之中。天下之理，不外一中，故「易成位乎其中矣」。

第二章

【原典】

圣人设卦，观象系辞焉，而明吉凶。刚柔相推而生变化。是故吉凶者，失得之象也。悔吝者，忧虞之象也。变化者，进退之象也。刚柔者，昼夜之象也。六爻之动，三极之道也[1]。是故君子所居而安者[2]，《易》之象也。所变而玩者，爻之辞也。是故，君子居则观其象而玩其辞；动则观其变而玩其占[3]。是以自天右之，吉无不利。

【精注】①三极：古人认为，天、地、人为宇宙万物最崇高的，故称之为三极。②安：通按，案。观察也。③占：占断，临事卜问占断其吉凶。

【今译】

圣人创立八卦及六十四卦，观察卦象爻象，把卦爻辞联系在卦爻后而来推测未来的吉凶。（分阳爻阴爻为刚柔），由刚柔的激荡而产生变化。因此卦爻辞中的吉和凶，是人事得和失的象。卦爻辞中的悔和吝，是人心忧惊的象。卦爻辞的变化，是事物旧的要离去、新的即将来的象。卦爻辞中的刚柔，是昼夜阴阳的象。六爻的变动，是天道、地道、人道的变化。因此君子平居之时而细心观察的，是《易经》的象，喜乐而揣摩的，是爻的辞。所以君子平居就观察卦象和揣摩爻辞，行动就观察它的变化、揣摩它的吉凶，因此上天自然保佑他，而获得吉祥，无往而不利。

【集解】

圣人设卦。

案：『圣人』谓伏羲也。始作八卦，重为六十四卦矣。

疏 《礼纬·含文嘉》：『伏羲德洽上下，天应以鸟兽文章，地应以河图洛书，则而象之乃作《易》。』故『圣人为伏羲也』。仰观象于天，俯观法于地，中观万物之宜，始画八卦，卦有三爻，因而重之，为卦六十有四，故曰『设卦』。

观象系辞焉。

案：文王观六十四卦三百八十四爻之象，而系属其辞。

疏 《下传》曰：『《易》之兴也，其当殷之末世，周之盛德邪，当文王与纣之事邪。』《帝王世纪》曰：『文王在羑里，演六十四卦，著七八九六之爻，谓之《周易》。』《下》又曰『八卦以象告』。故云『文王观六十四卦三百八十四爻之象，而系属其辞』也。

而明吉凶。

荀爽曰：因得明吉，因失明凶也。

疏 三百八十四爻有得有失，即有吉有凶，故『因得明吉，因失明凶』。

愚案：《释文》称虞本更有『悔吝』二字，以下文『悔吝者』证之，当从虞本补入为是。

刚柔相推，而生变化。

虞翻曰：刚推柔生变，柔推刚生化也。

疏 六爻之刚柔也，一往一来曰『推』，阳称『变』，阴称『化』。阳来阴往，则刚推柔生变。阴来阳往，则柔推刚生化。刚柔相推，消息之象也，文王因之，而为九六变化。

是故吉凶者，失得之象也。

虞翻曰：吉则象得，凶则象失也。

疏 『失得』谓阴阳失位得位，言文王观象以正人事，谓《易》辞之吉凶，象人事之失得也。

悔吝者，忧虞之象也。

荀爽曰：忧虞小疵，故悔吝也。

虞翻曰：悔则象忧，吝则象虞也。

干宝曰：悔亡则虞，有小吝则忧。忧虞未至于失得，悔吝不入于吝凶。事有小大，故辞有缓急，各象其意也。

疏 荀注：下文云『悔吝者，言乎其小疵也』，故云『忧虞小疵，故悔吝也』。

虞注：悔自内生，故象忧。忧者，思也，思其内之可愧者也。吝自外至，故象虞。虞者，度也，度其外之可羞者也。谓易辞之悔吝，象人事之忧虞也。

干注：虞，驭虞也，故『悔亡则虞，有小吝则忧』。此又以悔象虞，吝象忧也。忧近失，虞近得，故『忧虞未至于失得』。悔近吉，吝近凶，故『悔吝不入于吉凶』。吉凶，失得大而急；悔吝，忧虞小而缓。故『事有小大，则辞有缓急』，盖各象其意而属辞也。

变化者，进退之象也。

荀爽曰：春夏为『变』，秋冬为『化』，息卦为『进』，消卦为『退』也。

疏 阳称变，春夏阳，故『为变』。阴称化，秋冬阴，故『为化』。阳息而进，故『息卦为进』。阴消而退，故『消卦为退』。《乾凿度》曰『阳动而进，阴动而退』，盖阳动为变，阴动为化，故曰『变化者，进退之象也』。

刚柔者，昼夜之象也。

荀爽曰：「刚」为乾，「柔」为坤。乾为「昼」，坤为「夜」，昼以喻君，夜以喻臣也。

疏 《杂卦》曰「乾刚坤柔」，故「刚谓乾，柔谓坤」。乾阳为「昼」，坤阴为「夜」。乾为君，故「昼阳以喻君」。坤臣道，故「夜阴以喻臣也」。

六爻之动。

陆绩曰：天有阴阳二气，地有刚柔二性，人有仁义二行。六爻之动，法乎此也。

疏 《说卦》「立天之道，曰阴与阳」，故云「天有阴阳二气」。「立地之道，曰柔与刚」，故云「地有刚柔二性」。「立人之道，曰仁与义」，故云「人有仁义二行」。六爻之动，兼乎三才，故云「法乎此」。

三极之道也。

陆绩曰：此三才极至之道也。初四下极，二五中极，三上上极也。

疏 此言六爻为三才极至之道，以初四为下极，二五为中极，三上为上极。分内外为三极，不应经义。盖极者，中也。《说文》：「极，栋也。」《逸雅》：「栋，中也。居屋之中也」，故《洪范》「建用皇极」。《周礼》「设官分职，以为民极」，郑氏皆训「极」为「中」也。郑《易》注「三极，三才也」。《周书·小开武》曰：「三极，一维天九星，二维地九州，三维人四虞。」故郑以三极为三才也。以五行言，则五六为天地之中；以姤、复言，则二至为天地之中；以四时言，则春秋为天地之中；以爻位言，则二五为天地之中也。《春秋传》曰：「民受天地之中以生。」天、地、人，故称「三极」。六爻兼三才而两之，故曰「三极之道也」。

是故君子所居而安者，易之象也。

虞翻曰：君子谓文王。象谓乾二之坤，成坎月离日，日月为象。「君子黄中通理，正位居体」，故「居而安者，易之象也」。旧读「象」误作「厚」，或作「序」，非也。

疏 「君子谓文王」者，以其《系辞》，谓之「圣人」；以法后世，谓之「君子」。「二」当作「五」。乾五变之坤，成大有，坎伏比成离，坎为月，离为日。日月在天，成八卦象，故「日月为象」，详见「在天成象」注。因下文引大有上九爻辞，故以乾五变坤为说，举一以例其余也。「君子黄中通理，正位居体」，坤六五《文言》文。坤色「黄」，五位『中』，以乾通坤为『通理』，五正阳位为『正位』，互艮止为『居体』。引此文者，盖以乾五通坤，坤为安，互艮为居，五得正，故曰『居而安者，易之象也』。旧读『象』作『厚』，『厚』字无说，俗本作『序』，虞亦不用，故云『非也』。盖以下文『居则观其象』，故知『序』为『象』也。

所变而玩者，爻之辞也。

虞翻曰：『爻者，言乎变者也』。谓乾五之坤，坤五动则观其变，旧作『乐』，字之误。

疏 『爻』谓九六相变，故『爻者，言乎变者也』。坤五动之乾为大有，坤五之动，由乾五之坤，故『坤五动则观其变』。此玩爻之例也。『变』旧作『乐』，虞不用，故云『字之误』。盖以下『动则观其变』，故知『乐』为『变』也。

是故，君子居则观其象而玩其辞。

虞翻曰：玩，弄也。谓乾五动成大有，以离之目，观天之象。兑口玩习所系之辞，故『玩其辞』。

疏 『玩，弄也』，《说文》文。乾五动之坤成大有，上离下乾，离为目，乾为天，故『以离之目，观天之象』，谓天三爻之象也。五体互兑为口，又兑以『朋友讲习』，故以『兑口玩习所系之辞』也。观象玩辞，如《左传》：『蔡墨云在乾之姤』、『知庄子云在师之临』之类，是也。

动则观其变而玩其占。

虞翻曰：谓观爻动也。『以动者尚其变』，『占事知来』，故『玩其占』。

疏 乾五之坤为坤五动，故『谓观爻动也』。九六发动挥变，故『以动者尚其变』。乾以知来，乾动成离而未来之事可言，故『占事知来』。『玩其占』者，谓玩三百八十四爻之占动也。观变玩占，如『陈侯遇观之否，晋侯遇大有之睽』之类是也。

是以自天右之，吉无不利。

虞翻曰：谓乾五变之坤成大有，有天地日月之象。文王则庖牺，亦与天地合德，日月合明。『天道助顺，人道助信，履信思顺』，故『自天右之，吉无不利』也。

疏 乾五变之坤成大有，大有通比，大有离为日，乾为天，比坎为月，坤为地，故『有天地日月之象』。文王上则伏羲，有乾坤之德，具坎离之明，故『亦与天地合德，日月合明』。『天道助顺』以下，亦《系传》文也。前言吉凶悔吝者，圣人系辞，以著人事之常。此言『吉无不利』者，君子观变，以尽天理之正。《传》独引此爻辞者，乾之通坤，得尊位大中，自大有五爻始，而乾天所佑，实在上爻，故特举以为例。虞注自『居而安者』以下，皆据乾五之坤为言，盖三百八十四爻，皆有观象观变玩辞玩占之事，故举首以例其余也。

第三章

【原典】

《彖》者①，言乎象者也。爻者②，言乎变者也。吉凶者，言乎其失得也。悔吝者，言乎其小疵也。无咎者，善补过也。是故，列贵贱者，存乎位。齐小大者，存乎卦。辨吉凶者，存乎辞③。忧悔吝者，存乎介④。震无咎者，存乎悔。是故，卦有小大，辞有险易，辞也者，各指其所之⑤。

【精注】

①彖：此处不是指《彖传》，而是指《卦辞》。②爻：《系辞》作者称辞为爻，不是指爻画。③辞：指卦爻辞。④介：《周易集辞》：『虞翻曰：「介，纤也。故存乎介，谓识小疵也。」』⑤各指其所之：卦爻辞各个指示人的所往，趋吉避凶。

【今译】

卦辞是讲卦的整体的象征意义。爻辞是讲爻所显示的世间万物的变化。吉凶，是讲人们行动之后的结果。悔吝，是讲人们行为有小的偏失。无咎，是讲人们善于补过。因此排列贵贱的在于爻位，分清大小的在于卦，辨别吉凶的在于辞，忧悔吝的在于识小疵，行动而无咎的在于追悔（而惩戒）。所以卦有大小，辞有险难平易。卦辞、爻辞是各自指出（趋吉避凶）一个大的方向。

【集解】

《彖》者，言乎象者也。

虞翻曰：『在天成象』，『八卦以象告』。《彖》说三才，故『言乎象也』。

疏　『在天成象』，未画之象也。『八卦以象告』，既画之象也。《彖》言两象，故『说三才』。《彖》兼三才而说两象，故『言乎其象也』。

爻者，言乎变者也。

虞翻曰：爻有六画，所变而玩者。爻之辞也，谓九六变化，故『言乎变者也』。

疏 六画称爻，爻皆有变，变可观辞，故『所变者，爻之辞也』。《下传》曰：『道有变动，故曰爻。』爻之九六，阴阳相变，故『言乎变者也』。

吉凶者，言乎其失得也。

虞翻曰：得正言吉，失正言凶也。

疏 正，阴阳正位也。或言正，或言位，互辞也。得乎正位，则言吉，失乎正位，则言凶，故『吉凶者，言乎其失得也』。

悔吝者，言乎其小疵也。

崔憬曰：《系辞》著悔吝之言，则异凶咎。有其小病，比于凶咎，若疾病之于小疵。

疏 《说文》：『疵，病也。』《系辞》但称悔吝者，异乎凶咎之甚者也。『小病比于凶咎，若疾病之于小疵』，所谓事有小大，故辞有缓急是也。

无咎者，善补过也。

虞翻曰：失位为咎。悔，变而之正，故『善补过』，孔子曰『退思补过』者也。

疏 王弼《略例》曰：『凡言无咎者，本皆有咎者也。防得其道，故得无咎。』咎在阴阳失位，故云『失位为咎』。若能悔焉，变而之正，则咎者可以无咎矣。过而能改，故曰『善补过者也』。孔子曰：『退思补过』，《孝经》及《左传·宣公十二年》文。《论语》曰：『假我数年，五十以学《易》，可以无大过矣。』是《周易》为补过之书，而补过之道，在乎无咎。无咎之道，存乎能悔，悔则咎之所由无，而过之所由补者也。三百八十四爻，一言以蔽之，曰『善补过』。

是故，列贵贱者，存乎位。

侯果曰：二五为功誉位，三四为凶惧位。凡爻得位则贵，失位则贱，故曰『列贵贱者，存乎位』矣。

疏 《下传》曰『二多誉，四多惧』，又『三多凶，五多功，贵贱之等也』，故云『二五为功誉位，三四为凶惧位』。凡爻，阴阳得位为贵，失位为贱。寻贵贱之义不一，《上传》云『卑高以陈，贵贱位矣』，虞注云『乾高贵五，坤卑贱二』。

谓九五贵，六二贱，此贵贱之正位也。若阳贵阴贱，则爻在下者，亦得言贵，如屯初之《传》曰『以贵下贱，大得民』是也。若阳而无德，居正亦贱，如颐初九《传》曰『观我朵颐，亦不足贵』是也。若两爻本皆阳位，则上贵下贱，如三为下体之君，对五亦为贱，即三五『贵贱之等』是也。合兹数说，其义始备，故曰『列贵贱者存乎位』。

齐小大者，存乎卦。

王肃曰：『齐』犹正也。阳卦大，阴卦小，卦列则小大分，故曰『齐小大者，存乎卦』也。

疏 《诗·小宛》：『人之齐圣。』毛传『齐，正也』，故云『齐犹正也』。阳大阴小，故『阳卦大，阴卦小』。陈列卦象，有小有大，如临阳息之卦，『临者，大也』，是临为大卦也。遁阴消之卦，遁『小利贞』，是遁为小卦也。泰『小往大来』，为大卦。否『大往小来』，为小卦。又小畜、大畜、小过、大过、大有、大壮，皆以大为阳，小为阴，其卦可例推也。正其大小，截然不紊，故曰『齐小大者存乎卦』。

辨吉凶者，存乎辞。

韩康伯曰：辞，爻辞也，即『爻者，言乎变也』。言象，所以明小大，言变，所以明吉凶，故大小之义存乎卦，吉凶之状见乎爻。至于悔吝无咎，其例一也。吉凶悔吝，小疵无咎，皆生乎变，事有小大，故下历言五者之差也。

疏 辞，六爻之辞也。九六变则有辞，故『即爻者，言乎变也』。象有阴阳，故『言象，所以明小大』。变有得失，故『言变，所以明吉凶』。卦统全体，故大小之义，存乎卦象。爻著一端，故吉凶之状，见乎爻辞。『至于悔吝无咎』，皆吉凶之类，故『其例一也』。吉凶悔吝，小疵无咎，其辞皆生于九六之变。『事有小大』者，孔云『大则为吉凶，小则为悔吝无咎也』。『故下历言五者之差』者，孔氏谓『吉一，凶二，悔三，吝四，无咎五』也。

愚案：京氏云『辨，明也』。虞、董诸家皆云『辨，别也』。阴阳得位则吉，失位则凶。有应则吉，无应则凶。故曰『辨吉凶者存乎辞』。

忧悔吝者，存乎介。

虞翻曰：介，纤也。『介如石焉，断可识也』，故『存乎介』，谓识小疵。

疏 《汉书·元后传》：『不以往事为纤介。』故云『介，纤也』。《下传》曰『介如石焉，宁用终日，断可识矣』，盖释豫二爻辞，以明『见几而作，不俟终日』之义也。知几故微，微故『存乎介』。举豫二以为则也。王氏云『忧悔吝之时，其介不可慢也」，即「悔吝者，言乎其小疵也」。《参同契》曰「纤介不正，悔吝为贼」，故「忧悔吝者，存乎介」。

震无咎者，存乎悔。

虞翻曰：震，动也。「有不善，未尝不知之，知之，未尝复行」，「无咎者，善补过」，故「存乎悔」也。

疏 《序卦》曰「震者，动也」，复初为震，故云「震，动也」。「有不善，未尝不知，知之，未尝复行也」，《下传》文。盖复时，坤乱于上，故「有不善」。「复以自知」，故「未尝不知」。「克己复礼」，故「知之，未尝复行也」。举复初以为则也。无咎由于补过，补过由于能悔，复初爻辞曰「不远复，无祇悔，元吉」。惟能悔，斯无悔，故「震无咎者，存乎悔」。

是故卦有小大，辞有险易。辞也者，各指其所之。

虞翻曰：阳易指天，阴险指地。「圣人之情见乎辞」，故「指所之」。

疏 「齐小大者存乎卦」，故曰「卦有小大」，谓全体也。「辨吉凶者存乎辞」，故「辞有险易」，「险易」即吉凶也，谓一爻也。京氏云「易，善也，险，恶也」，乾积阳为善，故「阳易指天」，坤积阴为恶，故「阴险指地」。「圣人之情见乎辞」，《下传》文。「各指所之」者，王氏谓「之泰则其辞易，之否则其辞险」是也。

第四章

【原典】

《易》与天地准，故能弥纶天地之道。仰以观于天文，俯以察于地理，是故知幽明之故；原始及终，故知死生之说；精气为物，游魂为变①，是故知鬼神之情状。与天地相似，故不违；知周乎万物而道济天下，故不过；旁行而不流，乐天知命，故不忧；安土敦乎仁，故能爱②。范围天化之化而不过，曲成万物而不遗，通乎昼夜之道而知，故神无方而《易》无体③。

【精注】

①精气为物，游魂为变：精气，阴阳凝聚之气，古人认为「神」是生命赖以存在的因素，即下文所谓「神」；游魂，魂气游散所生的变异，即下文所谓「鬼」。②安土敦乎仁，故能爱：安土，犹言「安处其环境」。这是说明通《易》

者有『安土』『敦仁』之德，故能泛爱天下。③神无方而《易》无体：总结前三句并说明全文大意，以神的奥妙不泥于一方，比拟《易》的变化不定于一体，正是指明『阴阳不测』的辩证哲理。

【今译】

《周易》的象征与天地相准拟，所以天地间的道理无所不包。用《周易》的法则仰观天上日月星辰的文采，俯察地面山川原野的理致，就能知晓幽隐难见和显明可察的事理；推原事物的初始并返求事物的终结，就能明了死和生的规律；考察精气凝聚成为物形，魂体游散造成变化，就能知晓鬼神的情实和状态。（人们掌握的《周易》哲学）和天地的道理相似相通，所以行事时不违背天地自然的规律；智慧周遍于万物而道德足以匡济天下，所以动止不会偏差；权力广泛推行而不流溢淫滥，乐于天然而知其命数，所以无所忧愁；安处于自身的环境并温柔敦厚地施行仁义，所以天下百姓才能归顺。（可见《易》道之大）足以拟范周备天地的化育而不致偏失，足以曲尽细密地助成万物发展而不使遗漏，足以会通于幽明昼夜的道理而无所不知，所以说神奇奥妙的《易》旨不局泥于一方而《周易》的变化不定于一体。

【集解】

《易》与天地准，故能弥纶天下之道。

虞翻曰：准，同也。弥，大。纶，络。谓易在天下，包络万物，『以言乎天地之间则备矣』，故『与天地准』也。

疏 京氏云『准，等也』。《曲礼》曰『见同等不起』，『等』有『同』义，故云『准，同也』。京氏云『弥，遍也』，《春官》：『眡祲七曰弥。』郑注『弥者，白虹弥天也』，故云『弥，大』。王肃云『纶，缠裹也』，扬子《解难》曰『宓牺氏之作《易》也，绵络天地，经以八卦』，注『包络之也』，故云『纶，络』。《乾凿度》曰『为道德苞籥』，故『谓易在天下，包络万物』。『以言天地之间则备矣』，《下传》文。又曰『《易》之为书，广大悉备』，荀彼注云『以阴易阳谓之广，以阳易阴谓之大。易与天地准，固悉备也』，是其义也。

仰以观于天文，俯以察于地理。

荀爽曰：谓阴升之阳，则成天之文也。阳降之阴，则成地之理也。

疏 升降，谓二五也。否变未济，则阴升之阳，有仰象焉。《贲·象传》曰『观乎天文，以察时变』，故『成天之文』。

泰变既济，则阳降之阴，有俯象焉。《乾凿度》曰『地静而理曰义』，故『成地之理』。

愚案：荀《易》皆主乾升坤降。此言阴升阳降者，盖乾二《文言》曰『天下文明』，以二变阴，离为明也。二升之五，则仰观乎天文。以坤五《文言》曰『黄中通理』，以五变阳，坎为通也。五降之二，则俯察乎地理矣。离目坎耳，耳目聪明，故言『观察』。

是故知幽明之故。

荀爽曰：『幽』谓天上地下，不可得睹者也，谓否卦变成未济也。『明』谓天地之间，万物陈列，著于耳目者，谓泰卦变成既济也。

疏 《说文》：『幽，隐也。』谓『天上地下』者，天地不分，其象为否，故六合之外，不可得睹也。否变未济，离日坎月失位，故『幽』。《说文》：『明，照也。』谓『天地之间』者，天地交，其象为泰，故『万物陈列，著于耳目』也。泰变既济，离日坎月得正，故明。既济、未济皆有坎离象，日月为明，故『知幽明之故』。

案：吴君高《越纽》曰『阳动于上，以成天文，阴变于下，以成地理』，即虞氏《说卦》注云『乾三画成天文，坤三画成地理』是也。《吕氏春秋》曰『阴阳变化，一上一下，合而成章』，『章』即天文地理也，『阴阳』即幽明也。观震巽出入，则知日月之行。察五位方隅，则知山川维络之纪。乾坤代序，则知温凉寒暑之候。六位成章，则知太和保合之理。『故知幽明之故』也。

原始及终，故知死生之说。

《九家易》曰：阴阳交合，物之始也，阴阳分离，物之终也。合则生，离则死，故『原始及终，故知死生之说』矣。交合，泰时春也，分离，否时秋也。

疏 阴阳交合，其象为泰，万物生发，故云『物之始也』。阴阳分离，其象为否，万物收成，故云『物之终也』。乾坤交则互震，『万物出乎震』，故『合则生』。乾坤离则互艮成终，又为鬼门，故『离则死』。《管子·戒篇》：『春出原农事之不本者。』注云『原，察也』，王氏云『死生者，始终之数』，故『原始及终，故知死生之说矣』。消息泰为正月卦，故『交合，泰时春也』。否为七月卦，故『分离，否时秋也』。

愚案：《乾·象传》曰：『大哉，乾元，万物资始』，是『始』谓乾也。《坤·文言》曰『地道无成而代有终也』，是『终』谓坤也。故虞君《下传》注云『以乾原始，以坤要终，谓原始及终，以知死生之说』，又云『出阳知生，入阴惧死』，是其义也。

精气为物，游魂为变。

虞翻曰：魂，阳物，谓乾神也。变谓坤鬼。乾纯粹精，故主为物。乾流坤体，变成万物，故『游魂为变』也。

疏 《昭七年·左传》『人生始化为魄。既生魄，阳曰魂』，《说文》：『魂，阳气也。』故云『魂，阳物』。《淮南子·说山训》：『魄问于魂。』注云『魂，人阳神』，故『谓乾神也』。坤无魂，坤魂亦乾也。『变谓坤鬼』者，鬼亦神为之，故言『神无方』，不言鬼也。《乾·文言》曰『纯粹精也』，万物资始乾元，故『主为物』。《夏小正》曰『魂者动也』，乾之精气，流于坤体，变成万物，故『游魂为变』。《越纽录》曰『神主生气之精，魂主死气之舍』，故精气则物成其形，魂游则物变其故也。

是故知鬼神之情状，与天地相似，故不违。

虞翻曰：乾神似天，坤鬼似地。圣人与天地合德，鬼神合吉凶，故『不违』。

郑玄曰：『精气』谓七八也，『游魂』谓九六也。七八木火之数，九六金水之数。木火用事而物生，故曰『精气为物』。金水用事而物变，故曰『游魂为变』。精气谓之『神』，游魂谓之『鬼』。木火生物，金水终物，二物变化，其情与天地相似，故无所差违之也。

疏 虞注：乾为『神』为『天』，故『乾神似天』。坤为『鬼』为『地』，故『坤鬼似地』。乾神坤鬼，即天地之用也，故『相似』。圣人即大人。《文言》荀氏注云『与天合德谓居五，与地合德谓居三』。虞又云『乾神合吉，坤鬼合凶，故与鬼神合其吉凶』。天且弗违而况于鬼神，故『不违』。

郑注：《乾凿度》曰『阳变七之九，阴变八之六』，七少阳，八少阴，故『精气谓七八』。九老阳，六老阴，故『魂谓九六』。天七属火，地八属木，故『七八，木火之数』。天九属金，地六属水，故『九六，金水之数』。木属春，火属夏，木火用事，生物之时，故曰『精气为物』。金属秋，水属冬，金水用事，变物之时，故曰『游魂为变』。郑氏又云『游魂，谓之鬼』，物终所归，『精气，谓之神』，物生所信也。言木火之神，生物东南，金水之鬼，终物西北。二者之情，其状与春夏生物秋冬终物相似，故云『二物变化，其情与天地相似，故无所差违之也』。

知周乎万物。

荀爽曰：『二篇之册，万有一千五百二十，当万物之数』，故曰『知周乎万物』也。

疏 『二篇』谓上下经六十四卦之册。《传》以爻册当万物之数，故曰『知周乎万物』也。

而道济天下，故不过。

《九家易》曰：言乾坤道，济成天下而不过也。

王凯冲曰：知周道济，洪纤不遗，亦不过差也。

疏 《九家》注：言乾坤之道，交易成既济定，故云『济成天下而不过也』。

王注：知周万物，言其微无不入，道济天下，言其大无不包，故云『洪纤不遗，亦不过差也』。

愚按：坤为知，乾为道，皆虞义也。万物致养乎坤，故曰『知周万物』。乾为天，故曰『天下』。阳道制命，坤化成物，天地交泰，乾二升五，坤五降二，成既济定，保合太和，故『道济天下』也。六爻皆正而无过失，故『不过』。

旁行而不流。

《九家易》曰：旁行，周合。六十四卦月主五卦，爻主一日，岁既周而复始也。

侯果曰：应变旁行，周被万物而不流淫也。

疏 《九家》注：《稽览图》消息六十卦，小过、蒙、益、渐、泰属寅，需、随、晋、解、大壮属卯，豫、讼、蛊、革、夬属辰，旅、师、比、小畜、乾属巳，大有、家人、井、咸、姤属午，鼎、丰、涣、履、遁属未，恒、节、同人、损、否属坤，巽、萃、大畜、贲、观属酉，归妹、无妄、明夷、困、剥属戌，艮、既济、噬嗑、大过、坤属亥，未济、蹇、颐、中孚、复属子，屯、谦、睽、升、临属丑。坎冬、震春、离夏、兑秋为四正卦。『旁行』为『周合』者，谓由复而坤，由坎而兑，周行六十四卦也。每月五卦，卦主六日七分，是『爻主一日』也。六十而一周，六六三百六十爻，值六六三百六十日，故云『岁既周而复始也』。

侯注：旁行，旁通也。消息之卦，应变旁通，以济成乾坤，『周被万物而不流淫也』。

乐天知命，故不忧。

荀爽曰：坤建于亥，乾立于巳。阴阳孤绝，其法宜忧。坤下有伏乾为『乐天』，乾下有伏巽为『知命』。阴阳合居，故『不忧』。

疏 消息之卦，坤纯阴在十月亥。乾纯阳在四月巳。纯阴纯阳，故云『阴阳孤绝，其法宜忧』。坤下有伏乾，谓乾伏坤初为震。震为乐，初九乾也，故为天，是『乐天』也。乾下有伏巽，谓巽伏乾初。巽为命，故『知命』。消息坤在十月亥，亥居西北乾方，坤下有乾，故云『阴阳合居』。孤绝则居，合居则不忧。且坎为加忧，十二消息不见坎象，故『不忧』。

安土敦乎仁，故能爱。

荀爽曰：『安土』，谓否卦，乾坤相据，故『安土』。『敦仁』，谓泰卦，天气下降，以生万物，故『敦仁』。生息万物，故谓之『爱』也。

疏 坤为安，又为地，否卦以乾据坤，故曰『安土』。坤厚为敦，乾复震为仁。泰卦内乾，故为『天气下降』。坤为万物，互震为生，故『以生万物』。以坤乘乾，故曰『敦仁』。乾仁博施，生息万物，故『能爱』也。

范围天地之化而不过。

《九家易》曰：范者，法也。围者，周也。言乾坤消息，法周天地，而不过于十二辰也。辰，日月所会之宿，谓诹訾、降娄、大梁、实沈、鹑首、鹑火、鹑尾、寿星、大火、析木、星纪、玄枵之属是也。

疏 《释诂》云『法，范，常也』，『法』『范』同训常，故云『范，法也』。围，古文作口，《说文》云『口，回也』，《汉书·刘向传》『周回五百里』，『口』『周』同训回，故云『围，周也』。阳主息，阴主消，故『言乾坤消息』。历十二爻而岁一周，故云『法周天地』。十二爻爻主一辰，故『不过十二辰也』。《左传·昭公七年》『日月之会是谓辰』，故云『辰，日月所会之宿』，杜预谓『一岁日月十二会，所会谓之辰』是也。皇甫谧《帝王世纪》曰：『自危十七度至奎四度曰诹訾之次。于辰在亥，谓之大渊献。斗建在寅。自奎五度至胃六度曰降娄之次。于辰在戌，谓之阉茂。斗建在卯。自胃七度至毕十一度曰大梁之次。于辰在酉，谓之作噩。斗建在辰。自毕十二度至东井十五度曰宝沈之次。于辰在申，谓之涒滩。斗建在巳。自井十六度至柳八度曰鹑首之次。于辰在未，谓之协洽。斗建在午。自柳九度至张十七度曰鹑火之次。于辰在午，谓之敦牂。斗建在未。自张十八度至轸十一度曰鹑尾之次。于辰在巳，谓之大荒落。斗建在申。自轸十二度至氐四度曰寿星之次。于辰在辰，谓之执徐。斗建在酉。自氐五度至尾九度曰大火之次。

于辰在卯，谓之单阏。斗建在戌。自尾十度至斗十度曰析木之次。于辰在寅，谓之摄提格。斗建在亥。自斗十一度至婺女七度曰星纪之次。于辰在丑，谓之赤奋若。斗建在子。自婺女八度至危十六度曰玄枵之次。于辰在子，谓之困敦。斗建在丑。凡天十有二次，日月之所缠。子丑等十二辰在地。鲰訾等十二次在天。』此言天地之化，故举十二次也。

曲成万物而不遗。

荀爽曰：谓二篇之册，曲成万物无遗失也。侯果曰：言阴阳二气，委曲成物，不遗微细也。

疏 荀注：二篇万有一千五百二十，当万物之数，故『曲成万物无遗失也』。

侯注：万物资始于乾，资生于坤。一物之微，莫不禀受阴阳之气。《说文》曰『委，随也』，又曰『曲，象器受物之形』。言阴阳二气，随物付形，不遗微细。《中庸》言『鬼神之德，体物不遗』，是其义也。

通乎昼夜之道而知。

荀爽曰：『画』者，谓乾，『夜』者，坤也。通于乾坤之道，无所不知矣。

疏 乾阳为『昼』，坤阴为『夜』，故『昼者谓乾，夜者坤也』。『通乎昼夜之道』，则于幽明死生鬼神之事，无所不知矣。

愚案：范围天地举其大，曲成万物举其细，通乎昼夜举其流行。《论语》：『子在川上曰：「逝者如斯夫，不舍昼夜。」』，言其道之流行不息也。通乎道之流行，则阴阳消息，往复平陂，一以贯之矣，故曰『通乎昼夜之道而知』。

故神无方而《易》无体。

干宝曰：否、泰盈虚者，神也。变而周流者，易也。言神之鼓万物无常方，易之应变化无定体也。

疏 神本『阴阳不测』，故『否、泰』盈虚者，神也。易则『唯变所适』，故『变而周流者易也』。自阴阳言之谓之『神』，故『神之鼓万物无常方』。自乾坤言之谓之『易』，故『易之应变化无定体』。『神无方』故『易无体』，谓出乾入坤，『上下无常，周流六虚』者也。